Die Personalbesteuerung.

Schriften
des
Vereins für Socialpolitik.

III.

Die
Personalbesteuerung.

Leipzig,
Verlag von Duncker & Humblot.
1873.

Die

Personalbesteuerung.

Gutachten

auf Veranlassung der Eisenacher Versammlung

zur Besprechung der socialen Frage

abgegeben
von

Dr. E. Nasse,   **Dr. A. Held,**   **Dr. J. Gensel,**
Professor in Bonn.   Professor in Bonn.   Handelsk.-Secretär in Leipzig.

Graf von Wintzingerode,   **Dr. Const. Rößler,**
Bodenstein.   Professor in Berlin.

Leipzig,
Verlag von Duncker & Humblot.
1873.

Das Recht der Uebersetzung wie alle anderen Rechte für das Ganze wie für die einzelnen Theile vorbehalten.

Die Verlagshandlung.

Inhalt.

Die Personalbesteuerung.

Wie ist unsere bestehende directe Personalbesteuerung im Sinne der Gerechtigkeit und einer richtigen Würdigung der wirthschaftlichen Interessen am zweckmäßigsten zu reformiren und zwar:

1. Ist insbesondere das Einkommensteuerprinzip streng auf alle Klassen der Gesellschaft anwendbar, oder sind ganze Gesellschaftsschichten von dieser, wie der directen Besteuerung überhaupt, freizulassen? und bis zu welcher Grenze ist bei der Einschätzung zur Einkommensteuer noch die besondere wirthschaftliche Leistungsfähigkeit neben dem Einkommen zu berücksichtigen?
2. Soll die Steuer eine progressive sein, in welchen Abstufungen und bis zu welcher Grenze hat dann die Steigerung stattzufinden? und ist hierbei ein Unterschied zwischen fundirtem und nicht fundirtem Einkommen zu machen?
3. In welcher Weise ist die Durchführung einer dem Gesetze entsprechenden gerechten Einschätzung zu bewirken, ist hierbei namentlich die Selbsteinschätzung zu Grunde zu legen? durch welche Organe ist diese zu kontroliren? und wie ist eine in allen Theilen des Staates gleichmäßige Veranlagung sicher zu stellen?
4. Welche indirecten Steuern müssen und können einer solchen schärferen Heranziehung der persönlichen Leistungsfähigkeit der Bürger gegenüber und in Anbetracht ihrer wirthschaftlichen Schädlichkeit unbedingt gleichzeitig beseitigt werden?

Begutachtet von	Seite
Prof. E. Nasse	1
Prof. A. Held	23
Dr. Gensel	39
Graf Wintzingerode	49
Prof. C. Rößler	67

Ueber die Reform der Personalbesteuerung.

Beantwortung der vom Ausschusse

der Eisenacher Versammlung gestellten Fragen

durch

Professor Nasse in Bonn.

Die Fragen, welche der ständige Ausschuß für die Versammlungen zur Besprechung der socialen Frage in Betreff der direkten Personalbesteuerung aufgeworfen hat, werden eine verschiedene Beantwortung finden je nach den theoretischen Ansichten, die der Antwortende über das Maß gerechter Steuervertheilung hegt. Von einer Verständigung darüber ist man ja noch weit entfernt. Es hält der Eine dieses, der Andere jenes Princip der Steuervertheilung für das allein gerechte und glaubt überdies nicht selten von seiner Meinung als von einem keines Beweises bedürftigen Axiom ausgehn zu können. Dadurch wird die Diskussion über praktische Steuerreformen, sowie die Frage nach gerechter Vertheilung der Steuerlast sich hineinmischt, in der Regel eine überaus verwirrte.

Es kann nun nicht davon die Rede sein in diesem Gutachten die grundlegende Arbeit vorzunehmen, welche zu einer erschöpfenden Beantwortung der Frage nach dem Princip der Gerechtigkeit bei Vertheilung öffentlicher Lasten nothwendig wäre. Eine kurze Darlegung aber der Grundgedanken, von denen der Verfasser bei seinem Votum ausgegangen ist, wird, so glauben wir, manche Mißverständnisse verhüten können.

Ohne allen Zweifel liegt ein großer und überaus erfreulicher Fortschritt darin, daß man mehr und mehr auf gleichmäßige Steuervertheilung dringt, aber bei diesem Streben wird man nicht außer Acht lassen dürfen, daß nicht die Gerechtigkeit gegen den Einzelnen, sondern die Beschaffung von Mitteln für die Erhaltung des Staats und die Erfüllung seiner Zwecke das erste Ziel der Besteuerung ist. Sowie daher die Selbsterhaltung des Staats oder die Erreichung seiner Zwecke es nothwendig macht, muß die Gleichmäßigkeit in der Vertheilung der Staatslasten in den Hintergrund treten vor dem gemeinen Wohl. Allgemein wird das zugegeben bei dem größten aller Opfer, das der Staat von seinen Angehörigen verlangt, dem Kriegsdienste. Nur ein Theil des Volks, der persönliche Tüchtigkeit dazu hegt, wird zu demselben herangezogen und von der waffenfähigen Mannschaft werden wieder höchst ungleiche Opfer und Anstrengungen im Kriege verlangt. Ein Theil wird mehr, ein anderer weniger der Gefahr des Todes ausgesetzt. Diese Ungleichheit, soweit sie der Zweck des Krieges nothwendig macht, ist keine Ungerechtigkeit. Aehnlich aber verhält es sich mit der Besteuerung. Sowie die gerechte Vertheilung der Anstrengungen und Gefahren nicht die erste und wichtigste Aufgabe des Feldherrn ist, so ist auch bei der Besteuerung die gleichmäßige Vertheilung der Steuerlast auf die einzelnen Steuerpflichtigen keineswegs der erste, alles Andere beherrschende Gesichtspunkt[1]). Der Zweck der Besteuerung ist die Beschaffung der zur Führung des Staatshaushalt nothwendigen Geldmittel und wenn derselbe unter gegebenen Umständen nur erreicht werden kann, indem man auf Gleichmäßigkeit verzichtet, z. B. durch indirekte Steuern, die einzelne Gegenden oder Volksklassen vorzugsweise belasten, so ist der Staat ohne allen Zweifel auch zu einer solchen Besteuerung berechtigt. Und nicht nur die Selbsterhaltung, auch die Zwecke des Staats machen mitunter Einschränkungen in der Forderung gleichmäßiger Steuervertheilung nothwendig, denn da die Steuern doch eben nur Mittel sind zur Erreichung der Ziele, welche der Staat verfolgt, so ist dieser auch berechtigt und verpflichtet Maß und Norm der Steuervertheilung diesen Zielen dienstbar zu machen. Wenn der Staat zu ihren Gunsten von der gleichmäßigen Vertheilung der Lasten abweicht, so verletzt er nicht die Gerechtigkeit, denn er ist berechtigt, den ganzen Menschen für seine Zwecke zu fordern und jeden soweit mit seinen persönlichen Kräften und wirthschaftlichen Mitteln in seine Dienste zu stellen, als es sein Zweck nothwendig macht. Daraus darf man dann aber freilich nicht andererseits, wie es auch in neuerer Zeit nicht selten geschehen, die Folgerung ziehen, daß der Gesetzgeber der Rücksicht auf gleichmäßige Steuervertheilung sich entschlagen dürfe, und daß die Frage, was ist gleichmäßige Steuervertheilung, eine müssige sei. Vielmehr sind wir durchaus der Ansicht, daß überall, wo nicht die Erhaltung oder die Zwecke des Staates bestimmte Forderungen stellen, Gleichmäßigkeit in der Steuervertheilung herrschen muß und weisen daher die Frage nach dem Princip gleichmäßiger Steuervertheilung keineswegs von uns ab, denn ohne einen solchen festen Richtungspunkt würde nicht abzusehen sein, wie man eine bodenlose Willkühr vermeiden wollte.

Wenn wir so Gleichmäßigkeit bei der Steuervertheilung fordern, damit die Willkühr ausgeschlossen bleibe, so müssen wir ein Princip ver-

---

[1]) Vergl. Kries in der Zeitschr. f. d. ges. Staatswissenschaft. Bd. X. S. 542. ff.

werfen, welches so vielfach es als unbestreitbare Grundlage für die Vertheilung öffentlicher Lasten dargestellt wird, doch der reinsten Willkühr bei derselben Thor und Thür öffnet. Wir meinen die bekannte Forderung, daß jeder Einzelne nach seiner Fähigkeit zu den Steuern beitragen solle. Die Steuervertheilung nach der Steuerfähigkeit kann unseres Erachtens nicht als Richtungspunkt bei der Umlegung öffentlicher Lasten dienen, weil dies Ziel jedem nach seinem subjektivem Ermessen an anderem Orte und in anderer Richtung erscheint. Die Steuerfähigkeit der Steuerpflichtigen läßt sich gar nicht in eine rechnungsmäßige Gestalt bringen, die eine objektive Vergleichung gestattete. Dazu ist die Fülle der Momente, welche in jedem einzelnen Falle in eigenthümlicher Weise auf dies Verhältniß einwirken viel zu groß. Um hier nur Einiges zu erwähnen, wie unendlich verschieden sind nicht Dauer, Sicherheit, das voraussichtliche Steigen oder Sinken des Einkommens? Bei gleicher Größe und gleicher Quelle des Einkommens z. B. demselben Arbeitsertrage wird der Eine insofern günstiger gestellt sein, als er mit Sicherheit darauf rechnen kann, seine Besoldung bis an sein Lebensende zu genießen, der andere in nicht ferner Zeit eine Verminderung oder völliges Aufhören seines Erwerbs, wieder ein anderer eine noch längere Zeit dauernde Steigerung desselben zu erwarten hat. Daß dadurch große Unterschiede in der Leistungsfähigkeit entstehen, dürfte wohl kaum geleugnet werden und doch, wer wollte es unternehmen, die unendliche Mannigfaltigkeit der Verhältnisse in dieser Hinsicht auch nur in Bezug auf das aus Arbeitsleistungen herrührende Einkommen geschweige denn in Betreff der verschiedenen Arten des gewerblichen Verdienstes oder der Vermögensnutzungen zu schätzen! Vielleicht noch augenfälliger ist die Unmöglichkeit eines Urtheils über die Fähigkeit der Steuerpflichtigen durch sorgfältigere Ausnutzung der Arbeitszeit und größere Anspannung der eigenen Arbeitskraft sich bei drückender Steuerlast ein vermehrtes Einkommen zu verschaffen, während doch gewiß bei sonst ganz gleichem Einkommen und ganz gleichen Verhältnissen die Leistungsfähigkeit desjenigen größer ist, der sich nöthigenfalls Ersatz für die Steuerlast durch vermehrte eigene Thätigkeit verschaffen kann, als desjenigen, der nur mit der äußersten Anstrengung und der größten Verausgabung seiner Kräfte sein bisheriges Einkommen zu erwerben im Stande ist. Und nun gar die Mannigfaltigkeit der menschlichen Bedürfnisse! Wenn wir von der verschiedenen Zahl der nicht selbstständigen Familienglieder, deren Berücksichtigung bei der Umlegung der direkten Steuern wohl auch aus andern Gründen sich rechtfertigen ließe, ganz absehen, auch bei derselben Kinderzahl werden die Ausgaben für ihre Erziehung verschieden sein sowohl je nach dem Maß ihrer Befähigung und Energie, wie nach den am Wohnort befindlichen Bildungsanstalten. Nicht minder sind die Ausgaben, welche durch Krankheit und Unglücksfälle aller Art im Kreise der Familie nothwendig werden, sowie unzählige andere die Wirthschaft erschwerende oder erleichternde Verhältnisse in jedem ein-

zelnen Falle verschieden, andere z. B. die Preise der verschiedenen Lebens=
bedürfnisse (Wohnung!), die Höhe der Communalsteuern u. s. w. wechseln
von Ort zu Ort, so daß man wohl sagen darf, daß auch in dieser Hin=
sicht bei gleichem Einkommen doch die Leistungsfähigkeit für öffentliche
Zwecke bei jedem Steuerpflichtigen verschieden ist. Ihre vollständige Er=
wägung und Abschätzung übersteigt die Grenzen menschlichen Wissens und
Könnens. Mit vollem Recht sagt daher Schmoller: „die Leistungsfähigkeit
ist ein leerer Begriff, mit dem man ohne nähern Inhalt Nichts machen
kann, man mag ihn drehen und wenden wie man will. Was der Einzelne
zu einem bestimmten Zwecke beitragen könne, darüber giebt es so viele
Urtheile als es Menschen giebt. Das Princip der Leistungsfähigkeit läßt
nur eine Auflösung zu: nimm, wo es geht, dieser oder jener kann noch
etwas geben."

Gleichmäßigkeit der Besteuerung kann vielmehr nur bestehen in einer
gleichmäßigen Verkürzung der Mittel, die der Steuerpflichtige für seine
persönlichen Zwecke verwenden kann ohne in seiner wirthschaftlichen Lage
zurückzugehen, d. h. seines Einkommens; die persönliche Empfindung, die
diese Verkürzung erregt, das Opfer und die Entbehrungen, welche sie auf=
legt, muß der Staat unbeachtet lassen, ebenso wie er nicht berücksichtigt,
wie viel empfindlicher den Einen oder den Andern die allgemeine Wehr=
pflicht trifft, oder wie dieselbe Gefängnißstrafe von dem einen Verbrecher
als eine viel schwerere Strafe empfunden wird als von dem andern.

Indem wir das Einkommen definiren als die Einnahmen, die der
Wirthschaftende verzehren kann ohne in seiner Vermögenslage sich zu ver=
schlechtern, trennen wir uns auch von denen, die zwischen rohem und
reinem Einkommen unterscheiden und nicht das ganze Einkommen aus
Arbeitsleistungen für reines Einkommen erklären, sondern verlangen, daß
davon der nöthige Unterhaltsbedarf des Arbeiters abgezogen werde. Diese
Unterscheidung ist eine verkehrte. Wohl läßt sich vom rohen und reinen
Ertrag einer Unternehmung, eines bewirthschafteten Objekts reden. Um
den reinen Ertrag zu finden, zieht man dann vom rohen alle die Aus=
lagen ab, die als Mittel zur Gewinnung des Reinertrags gemacht werden
mußten. Kein Theil des sogenannten rohen Einkommens ist aber nur
Mittel zur Gewinnung eines reinen Einkommens oder eines Ueberschusses
über die Unterhaltskosten der Producenten, sondern das ganze Einkommen
ist Zweck aller Wirthschaft, weil es seinem ganzen Betrage nach für das
letzte Ziel derselben, für die persönlichen Bedürfnisse der Wirthschaftenden
verwendbar ist. Nur der Theil des Einkommens dürfte vom volkswirth=
schaftlichen Gesichtspunkte aus eine Ausnahme machen, der ein Wieder=
ersatz der Heranbildungs= und Erziehungskosten des erwachsenen Arbeiters
ist. Diese Kosten werden im Arbeitslohn der herangebildeten und erzogenen
Arbeiter ersetzt und sie können nicht für die Bedürfnisse der gegenwärtigen
Generation von Arbeitern, sondern müssen zur Erziehung einer neuen
verwandt werden, wenn nicht die ganze Volkswirthschaft zurückgehen

soll¹). Im Uebrigen aber ist es völlig unzulässig zu verlangen, daß alle nothwendigen Bedürfnisse der Producenten vorher befriedigt werden, ehe das Einkommen für die öffentlichen Zwecke in Anspruch genommen werden kann. Denn auch der Staat ist kein Luxusartikel, sondern ebensosehr Bedingung des Lebens für jeden, wie das tägliche Brod. Daher ist denn auch die in neuerer Zeit oft gehörte Forderung, daß ein gewisses Existenzminimum von aller Besteuerung frei bleibe vom Standpunkt der gleichmäßigen Steuervertheilung in keiner Weise zu rechtfertigen. Sie ist nur berechtigt als Maßregel der öffentlichen Armenpflege, welche eine Ausnahme von der allgemeinen Steuerpflicht aller Staatsangehörigen da machen muß, wo Steuern nicht eingetrieben werden können ohne die wirthschaftliche Existenz des Steuerpflichtigen zu gefährden. Der Steuererhebung würde in einem solchen Fall die Almosengewährung zur Seite gehen müssen und ein solches Geben mit der einen und Nehmen mit der andern Hand würde dem gemeinen Wohl nicht zuträglich sein. Man wird aber nicht außer Augen lassen dürfen, daß der aus solchen Gründen Eximirte zu denen gehört, die für ihre wichtigsten Lebensbedürfnisse nicht selbst sorgen können, sondern auf öffentliche Unterstützung angewiesen sind.

Wenn wir nun so den Gedanken der Ueberschußbesteuerung, wie man die Besteuerung des sog. Reineinkommens nicht mit Unrecht wohl genannt hat, zurückweisen, so verkennen wir andererseits nicht, daß demselben ein Kern von Wahrheit zu Grunde liegt. Das Volkseinkommen setzt sich aus zwei Haupttheilen zusammen, dem Einkommen aus Arbeitsleistungen und dem Einkommen aus Vermögensnutzungen. Diese beiden Theile haben eine verschiedene Bestimmung gegenüber den menschlichen Bedürfnissen, den privaten sowohl wie den öffentlichen und wie jeder gute Wirthschafter in seinem Privathaushalt mit demselben Einkommen anders zu verfahren hat, wenn dasselbe nur Erwerb persönlicher Arbeit ist und wenn dasselbe aus der Nutzung eines Vermögens fließt, so hat auch der Staat in seinem Haushalt diesen Unterschied zu respektiren. Derselbe beruht darauf, daß die Vermögensnutzungen ihrer Natur nach sowohl in Bezug auf ihre Dauer, wie auf ihre Größe unabhängig sind von den natürlichen Grenzen, die den menschlichen Arbeitsleistungen gesetzt sind.

Daraus folgt nämlich für die Vermögenden sowohl eine theilweise oder völlige Beseitigung der Abhängigkeit von der Sorge und Mühe für den täglichen Erwerb, wie die Möglichkeit über den persönlichen Erwerb hinaus das Einkommen und dem entsprechend die Ausgaben zu vermehren. Beide Folgen können und sollen der menschlichen Culturentwickelung dienen. Einerseits bedarf die menschliche Gesellschaft einer freien und unentgeldlichen Thätigkeit auf den verschiedensten Gebieten, welche die durch ihr Vermögen Unabhängigen zu leisten haben, andererseits sollen die reichlicheren

---

¹) Fr. B. W. v. Hermann, staatswirthschaftliche Untersuchungen. 2. Aufl. S. 594.

Mittel, die den Vermögenden zur Verfügung stehen, dienen zur Befriedigung von Bedürfnissen, die über des Lebens tägliche Nothdurft hinausgehen. Daß zur Veredlung und Verschönerung des menschlichen Lebens bei einem bloß aus Arbeitsleistungen fließenden Einkommen in der Regel nicht viel übrig bleibt, bedarf wohl kaum näherer Ausführung. Man muß sich nur vergegenwärtigen, wie ein doppelter Abzug von dem Arbeitslohn in allen seinen Abstufungen gemacht werden muß, ehe man die für die gegenwärtigen Bedürfnisse des Arbeiters verfügbare Gütermenge findet. Einmal enthält, wie wir schon andeuteten, der Lohn des erwachsenen Arbeiters die allmähliche Zurückerstattung der auf seine Erziehung und Vorbildung verwandten Auslagen. Daß dieser Theil wieder auf eine Heranziehung einer neuen Generation verwandt werde, ist vom volkswirthschaftlichen Gesichtspunkt nothwendig, damit nicht das Arbeitsvermögen des Volks zurückgehe. Nicht minder gehört vom privatwirthschaftlichen Gesichtspunkt die Begründung und Erhaltung einer Familie zu den nothwendigen Bedürfnissen des erwachsenen Arbeiters, weil das Leben in der Familie, die Fürsorge für Frau und Kind das wichtigste sittliche Erziehungsmittel für den Mann ist, welches das Leben gewährt. Dann aber muß zweitens der Lohn, welchen der Arbeiter in der arbeitsfähigen Zeit erwirbt, ausreichen für die Lebensjahre, in denen er selbst nicht mehr arbeitsfähig ist. Wenn man auch mit Recht mitunter bemüht ist, die Altersversorgung dem Arbeiter zu erleichtern, so bleibt es doch noch immer eine verhältnißmäßig bedeutende Ausgabe, die aus dem Arbeitslohne für dies dringende Bedürfniß gemacht werden muß, wenn für dasselbe in genügender Weise gesorgt werden soll. Diese beiden Arten von Verpflichtungen, von denen die erstere bei dem gebildeten Arbeiter mit höherem Lohne um so bedeutender ist, je größer seine Vorbildungskosten, bewirken, daß im Ganzen ein verständiger Wirthschafter von einem gleichen Einkommen aus Arbeitsleistungen viel weniger für minder nothwendige Bedürfnisse ausgeben wird, als von einem Einkommen desselben Betrags aus Vermögensnutzungen. Nimmt man nun aber hinzu, daß in der Regel nicht Steuerpflichtige sich einander gegenüber stehen, von denen die einen ein Einkommen aus Arbeitsleistungen, die andern aus Vermögensnutzungen haben, sondern daß im normalen Verhältniß die Vermögensnutzungen nur ein weiterer Zuschuß sind, welchen ein Theil des Volkes noch zu dem Einkommen aus eigenen Arbeitsleistungen bezieht, so ist es gewiß klar, daß die menschliche Gesellschaft für die Verschönerung des menschlichen Lebens, für einen edleren Luxus, für Kunst und Wissenschaft überwiegend auf die Vermögensnutzungen angewiesen ist. Das tägliche Leben zeigt ja auch allenthalben, daß in den Privatwirthschaften dieser Unterschied der beiden Theile des Einkommens zur Geltung kommt und daß die große Menge der ausschließlich oder fast ausschließlich auf den Erwerb durch Arbeit angewiesenen Wirthschaften für diese entbehrlicheren Genüsse des Lebens wenig übrig behält. Wenn nun die Erfüllung dieser Bedürfnisse zum großen Theil durch die Gemeinwirthschaft geschieht, wenn, wie es bei uns der Fall ist, die Kosten der Pflege von Kunst und Wissenschaft, der Repräsentation des Gemeinwesens nach Außen, die Entfaltung öffentlichen Glanzes und Luxus u. s. w. dem Staate zur Last fallen, so hat auch er sich zu erinnern, daß für diese Zwecke die Vermögensnutzungen im Haushalt der menschlichen Gesellschaft bestimmt sind und dieselben zu Bestreitung dieser Ausgaben besonders heranzuziehen. Es hat Zeiten und Völker gegeben, in denen derartige Verwendungen überwiegend direkt aus dem Vermögen der Reichen gemacht wurden (englische Aristokratie, römische Nobilität), bei uns hat der Privatreichthum nicht diesen öffentlichen Charakter, um so mehr aber ist es nothwendig, daß der Staat dafür sorgt, daß das Vermögen seiner natürlichen Bestimmung nicht entfremdet werde. Zu den Verpflichtungen, welche ihrer Natur nach den Besitzern von Vermögensnutzungen als dem frei verwendbaren Theil des Volkseinkommens zufallen, gehören dann ferner noch die in unserem Culturzustande täglich wichtiger werdenden Ausgaben für die geistige und wirthschaftliche Hebung der niederen Volksklassen, (Schule, Gesundheitspolizei u. s. w.) Denn wenn den besitzenden Klassen die Vortheile unserer Kulturentwickelung überwiegend zu Gute kommen, so haben sie gewiß auch dafür zu sorgen, daß die Nachtheile und Gefahren derselben sich nicht in gemeingefährlicher Weise vergrößern. Das wohlverstandene eigene Interesse geht dabei mit der sittlichen Pflicht, wie so oft, Hand in Hand, der Staat aber hat auf seinem Gebiete und in seiner Wirthschaft diese Pflichten, auf deren Erfüllung die Harmonie unserer Gesellschaft beruht, auch gegenüber dem Mangel an Verstand oder gutem Willen zur Geltung zu bringen.

Uebrigens besteht ja auch darüber, daß auf dem Vermögen besondere Pflichten gegen das gemeine Wesen ruhen, in der That ein consensus gentium. Auch das moderne Steuerwesen hat diese besondere Verpflichtung des Einkommens aus Vermögensnutzungen noch nirgendwo ganz vergessen, wenn auch die consequente Durchführung des Gedankens vielfach zu wünschen übrig läßt. Es möchte schwer sein einen Staat zu finden, in dem nicht die wichtigsten Arten der Vermögensnutzungen stärker besteuert sind, als das Einkommen aus Arbeitsleistungen. Soweit freilich geht man gegenwärtig nirgendwo, wie unsere Vorfahren, die fast alle öffentlichen Funktionen zu besonderen Verpflichtungen der Grundeigenthümer machten. Aber überall ist doch irgend eine besondere Besteuerung des Vermögens, von der freilich einzelne erst in neuerer Zeit zur Bedeutung gekommene Arten des Vermögens unvollkommen oder gar nicht getroffen werden, an die Stelle jener alten persönlichen Verpflichtungen getreten. Mitunter z. B. in manchen Grundsteuern erscheint diese besondere Besteuerung mehr als eine Abfindung für frühere Eigenthumsbeschränkungen oder für die in früherer Zeit dem Grundeigenthümer als solchem obliegende Dienste; es würde die Aufgabe einer Steuerreform sein ihr diesen Charakter einer festen Rente wieder zu nehmen und ihr den Charakter einer beweglichen Vermögenssteuer wieder zu geben.

Dazu kommt nun noch ein anderer Gesichtspunkt von nicht geringer Tragweite.

Wir haben bisher die Steuerpflicht als Ausfluß der allgemeinen Bürgerpflicht betrachtet und jener anderen Theorie nicht gedacht, welche die Steuer als eine Bezahlung der aus der Staatsverbindung gezogenen Vortheile nach Maßgabe entweder des Genusses dieser Vortheile oder der dem Staat dadurch erwachsenden Kosten unter die einzelnen Steuerpflichtigen vertheilen wollen. Eine Widerlegung der oberflächlichen Auffassung des Staats, aus welcher diese Lehren hervorgegangen, dürfte heutzutage kaum noch nothwendig sein. Dagegen müssen wir darauf noch hinweisen, daß so verkehrt es ist, die eigentlichen Staatslasten nach dem Princip der Leistung und Gegenleistung vertheilen zu wollen, doch für gewisse nicht unbedeutende Verwendungen der staatlichen und communalen Verbände dies Princip seine volle Berechtigung hat. Unsere Staaten und besonders unsere Gemeinden sind nicht nur sittliche Gemeinschaften, welche Aufgaben haben, die der Einzelne in vereinzelter oder frei vereinter Thätigkeit nicht erfüllen kann, sondern auch wirthschaftliche Verbände, durch welche ihre Mitglieder Zwecke verfolgen, die sie auch in privatwirthschaftlicher Form erreichen könnten, aber aus Zweckmäßigkeitsgründen wohlfeiler oder besser in der Gemeinwirthschaft des Staats erstreben. Wir meinen damit nicht die eigentlich privatwirthschaftliche Thätigkeit des Staats, seinen Bergbau und Hüttenbetrieb, seine Landwirthschaft und Bankgeschäfte, für deren Vergütung die gewöhnlichen privatwirthschaftlichen Grundsätze maßgebend sind, sondern diejenigen Funktionen, die zwar vom Staat im Interesse des allgemeinen Wohls übernommen, die aber doch nicht als nothwendige, wesentliche, sondern mehr als fakultative Ausgaben des Staats erscheinen. Es giebt da ein weites, sehr oft streitiges Grenzgebiet zwischen Staatsthätigkeit auf der einen und der Privatwirthschaft auf der anderen Seite, auf welchem in dem einen Staate oder der einen Gemeinde die öffentliche, in andern die private Thätigkeit die menschlichen Bedürfnisse erfüllt. Auf diesem Gebiete haben überdieß die meisten Verrichtungen des Staats oder der Gemeinde auch insofern eine doppelte Seite, als sie, wenn auch vor Allem des gemeinen Wohls wegen übernommen, doch nicht ganz gleichmäßig Allen zu Gute kommen, sondern Einzelnen oder ganzen Klassen von Staatsangehörigen besondere wirthschaftliche Vortheile gewähren. Deshalb hat die Gebühr im modernen öffentlichen Haushalt ihre berechtigte Stelle, aber außerdem rechtfertigt sich so auch unter Umständen eine besonders hohe Besteuerung einzelner Klassen von Staats- oder Gemeindeangehörigen. Insbesondere kommt man von diesem Gesichtspunkt aus bei genauerer Prüfung der communalen Ausgaben zu einer besonderen Besteuerung des innerhalb des lokalen Gemeindeverbands fixirten oder gewerblich thätigen Vermögens. Die Gemeinde übernimmt ja um nur Einiges zu erwähnen in der Armenpflege und im Elementarschulwesen eine Reihe von Ausgaben für die Heranbildung der noch nicht arbeitsfähigen oder die Unterstützung der nicht mehr arbeitsfähigen Handarbeiter, welche eigentlich ein Zuschuß zum Arbeitslohn aus öffentlichen Mitteln sind und welche daher durch Verminderung des Lohns dem Ertrage des mit Hülfe dieser Arbeitskräfte nutzbar gemachten Vermögens zu Gute kommen. Die Verwendungen ferner für Wege und Straßen, für Verschönerung der Oertlichkeit sind zum Theil nur Capitalanlagen, welche den Werth des in der Gemeinde fixirten Vermögens erhöhen, während der oft nur vorübergehend in der Gemeinde wohnende und durch kein Eigenthum mit ihr verbundene Arbeiter an ihnen nur ein geringes Interesse hat.

Aus allen diesen Gründen müssen wir uns denn allerdings für eine nicht unwesentliche Modification des Princips gleichmäßiger Einkommenbesteuerung aussprechen. Das aus Vermögensnutzungen bezogene Einkommen erscheint uns aus einer Reihe von Gründen steuerpflichtiger, als das aus Arbeitsleistungen. Das Maß dieser Mehrbesteuerung ergiebt sich einmal aus den Abzügen, die aus dem Einkommen des Arbeiters gemacht werden müssen, um die Kosten seiner Heranbildung zu ersetzen, dann aber aus dem Umfange, in dem vom Staat oder der Gemeinde die Zwecke verfolgt werden, die wir als dem Vermögen obliegende Pflichten bezeichneten oder Verwendungen gemacht werden, die dem Vermögen vorzugsweise zu Gute kommen. Es ist hier der Ort nicht dieses Maß eingehender zu erörtern, nur das sei noch erwähnt, daß sich unsere Forderung einer besonderen Vermögensbesteuerung vor Allem durch das Vorhandensein eines solchen Maßes unterscheidet von einer anderen in neuerer Zeit oft verlangten Modification der reinen Einkommenbesteuerung, der progressiven Einkommensteuer. Bei dieser ist die Progression des Steuerfußes durchaus willkührlich, weil sie sich nach der Steuerfähigkeit richten soll und die Folge dieser Willkühr muß zuletzt ein Kampf der verschiedenen Volksklassen um die Höhe der von jeder Einkommenstufe zu tragenden Lasten sein, in dem nicht objektive Gründe, sondern die Machtverhältnisse entscheiden. Denn über das richtige Maß der Steigerung in der Steuerquote, welches der verschiedenen Steuerfähigkeit der verschiedenen Einkommenstufen entsprechen soll, wird jeder Stand sein eigenes Urtheil hegen und im Allgemeinen wird man behaupten können, daß je geringer das eigene Einkommen eines Steuerpflichtigen ist, desto größer seine Meinung von der Leistungsfähigkeit der Reichen sein wird. Man wird dagegen nicht verkennen können, daß die vorher entwickelte Begründung einer besonderen Vermögensbesteuerung zugleich die nöthigen Grundlagen für eine Bestimmung ihrer Höhe bietet und daher eine ganz willkürliche Steigerung derselben ausschließt. Wollte man aber auch auf die Anhaltspunkte für eine genauere Bemessung der den Vermögensnutzungen aufzulegenden Lasten gar kein Gewicht legen, so wird man doch zugeben müssen, daß die aus der Unbestimmtheit dieses Maßstabs entspringende Gefahr eines Klassenkampfes eine sehr viel geringere ist, als bei dem Princip der Vertheilung nach Steuerfähigkeit und der progressiven Einkommenbesteuerung. Denn glücklicher=

weise ist die Trennung der Personen, welche ihr Einkommen aus Arbeits=
leistungen und derjenigen, welche dasselbe aus Vermögensnutzungen be=
ziehen, nicht entfernt so scharf, wie die der mit höheren und niederen
Jahreseinkommen. Bis auf die gemeinen Handarbeiter hinunter ist eine
Vereinigung der beiden Quellen die Regel. Der große Stand der
Gewerbtreibenden bezieht sein Verdienst zum Theil aus der eigenen ge=
werblichen Arbeit, zum Theil aus der Anwendung des eigenen Vermögens.
Wir besitzen in Deutschland Millionen von Tagelöhnerstellen und anderen
ganz kleinen Grundbesitzungen, die der Eigenthümer mit eigener Arbeit be=
stellt. Unser höherer Beamten= und Officierstand lebt zunächst von seiner
Besoldung, daneben aber in überaus zahlreichen Fällen auch noch von Ver=
mögensnutzungen in kleinerem oder größerem Betrage. So bezieht ein großer
Theil unseres Volks, welcher zur Zeit alle anderen an Einfluß und Macht
übertrifft und voraussichtlich noch lange überragen wird, sein Einkommen aus
beiden Quellen und darin liegt eine sichere Bürgschaft, daß die Frage, ob
mehr oder weniger Vermögensbesteuerung in Deutschland nicht zum eigent=
lichen Klassenkampf wird, wie es die Frage nach dem Maß der Progression
bei einer progressiven Einkommenbesteuerung nothwendig werden müßte.

Nachdem wir diese allgemein theoretischen Grundlagen zu legen ver=
sucht haben, schreiten wir zu einer Beantwortung der einzelnen vom Aus=
schuß gestellten Fragen.

1) a. „Ist das Einkommensteuerprincip streng auf alle Klassen der
Gesellschaft anwendbar, oder sind ganze Gesellschaftsschichten von dieser,
wie von der direkten Besteuerung überhaupt freizulassen?"

Obgleich unserer soeben entwickelten Ansicht nach alle Staatsgehörigen
mit eigenen Einkommen steuerpflichtig sind und Freiheit von Steuern
gleichbedeutend ist mit Almosenempfang, so ist es natürlich doch nicht noth=
wendig, daß die Erfüllung dieser Pflicht in Form der Einkommensteuer
oder der direkten Besteuerung überhaupt geschehe. Es zeigt vielmehr die
Erfahrung aller Länder, in denen ein erheblicher Theil der Bevölkerung
sich in großen Städten concentrirt, oder seinen Wohnort häufig zu wechseln
pflegt, daß eine Erhebung direkter Steuern vom Stande der gemeinen
Handarbeiter ganz unverhältnißmäßige Kosten für den Staat und die
größten wirthschaftlichen Nachtheile für die Steuerpflichtigen zur Folge
hat. Weder in England, noch in den Vereinigten Staaten, noch in Paris
und den anderen größten Städten Frankreichs wagt man es daher von
dieser Volksschicht direkte Personalsteuern zu erheben und selbst bei der
englischen Miethsteuer, die der Regel nach von dem Miether entrichtet wird,
hat man sich genöthigt gesehen, was die Wohnungen dieser Klasse angeht,
eine Ausnahme zu machen und den Eigenthümer für seine Miether zahlen
zu lassen. In Preußen, wo ebenfalls bisher in den größten Städten die
Personalbesteuerung erst mit 1000 Thaler Jahreseinkommen begann, hat die
Denkschrift des Finanzministeriums vom September 1872 ein wahrhaft
erschreckendes Bild aufgerollt von den Schwierigkeiten und den Nachtheilen,

die trotz dieses Ausscheidens der großen Städte mit der Steuererhebung in den untersten Klassensteuerstufen verbunden sind. Wenn z. B. in den klassensteuerpflichtigen Städten des Landes um 100 Thaler der Staatskasse zuzuführen in der untersten Steuerstufe nothwendig waren 228 Mahnungen, 95 verfügte Exekutionen, 49 vollstreckte Exekutionen, 37 fruchtlos vollstreckte Exekutionen und 8½ Thaler Kosten für die Staatskasse, so ist das von jedem Gesichtspunkte aus sowohl mit Rücksicht auf das Wohl der niederen Klassen, wie im finanziellen Interesse ein ganz unverantwortlicher Zustand. Man erwäge nur was die Vollstreckung einer Exekution für die Wirthschaft des gemeinen Handarbeiters bedeutet und man wird nicht für einen Thaler Steuertrag durchschnittlich eine solche Exekution verfügen wollen. Wo wäre denn ein anständiger Privatmann, der eine derartige Einziehung seines Einkommens auf sein Gewissen nehmen möchte! Man hat zwar behauptet, die direkte Steuererhebung in diesen Volksklassen sei zwar sehr kostspielig für den Staat, hart und mitunter verderblich für den Steuerpflichtigen, aber sie habe doch großen Werth für die Erziehung des Volks zu staatlicher Gesinnung. Aber eine sonderbare Sache ist es durch überflüssige Schereien und durch das Gesicht und die Pfändungsprotokolle des Steuerexekutors zu staatlicher Gesinnung erziehen zu wollen. Ein sichtbarer Erfolg dieses Zuchtmittels zum Patriotismus ist auch, wenn wir die Bevölkerung der mahl- und schlachtsteuerpflichtigen und der Klassensteuer zahlenden Bevölkerung in unseren preußischen Städten vergleichen, selbst dem schärfsten Auge gewiß nicht erkennbar, trotzdem daß nun schon seit Generationen in dieser Beziehung ein verschiedenes Verfahren in verschiedenen Landestheilen besteht. Am allerwenigsten sollte man in einem Staate mit allgemeiner Wehrpflicht fürchten, daß der von direkter Besteuerung befreite Theil der Bevölkerung es vergessen könne, daß jeder Staatsangehörige Pflichten gegen den Staat habe; aber auch in England und den Vereinigten Staaten ist die Bildung der großen Menge ausreichend zur Erkenntniß, daß Freiheit von direkten Steuern nicht identisch ist mit Steuerfreiheit.

Wie weit man mit der Befreiung von direkten Steuern gehen muß, hängt von den Momenten ab, welche sie vorzugsweise nothwendig machen: der Concentration und der Bewegung der Bevölkerung. Wo die Bevölkerung schwach, wenig fluktuirend und daher der Personenstand einer Gemeinde leicht übersehbar ist, da macht die Veranlagung aller Erwachsenen zu Personalsteuern wenig Mühe und die persönlichen Beziehungen, die der Gemeindevorstand oder die Ortsobrigkeit zu allen Einwohnern hat, reichen in der Regel aus auch den Empfang der Steuern zu sichern. Vom platten Lande der östlichen Provinzen Preußens berichtete man bei den Verhandlungen über die Klassensteuerreform fast durchgehends, daß besondere Schwierigkeiten in Bezug auf die Erhebung der untersten Steuerstufe durchaus nicht vorhanden seien, während andererseits die Staatsregierung es nicht verhehlte, daß auch nach der Einschränkung der Steuerpflicht auf

Einkommen von mehr als 140 Thaler in den großen Städten die Erhebung der beiden untersten Stufen der künftigen Einkommensteuer ihre großen Bedenken habe. Die Schwierigkeiten, welche sich der direkten Besteuerung in den untersten Volksschichten entgegenstellen, sind daher mit wachsender Cultur im Wachsen begriffen und der Verfasser dieser Zeilen hegt aus diesem Grunde auch nicht den geringsten Zweifel, daß man auch in Preußen trotz der einer rationellen Fortbildung der indirekten Besteuerung bei uns entgegenstehenden Hindernisse mit der Zeit noch zu einer höheren Untergrenze der Einkommensteuer als 140 Thaler kommen wird.

b. „Bis zu welcher Grenze ist bei der Einschätzung zur Einkommensteuer noch die besondere wirthschaftliche Leistungsfähigkeit neben dem Einkommen zu berücksichtigen?"

Die Gründe, welche uns in den vorstehenden Erörterungen veranlaßt haben, das allgemeine Princip der Steuervertheilung nach der Fähigkeit der Steuerpflichtigen zu verwerfen, scheinen uns auch dagegen zu sprechen, daß man eine einzelne Steuer, wenn auch nur bedingungsweise nach diesem durchaus willkührlichen Maßstabe umlege. Die Steuerfähigkeit ist überhaupt keine objektiv zu constatirende Norm, ihre Bemessung würde völlig in das Gutdünken der Steuerbehörde gelegt sein, dagegen der Steuerpflichtige jedes festen Anhaltspunktes für etwaige Beschwerden gegen zu hohe Einschätzungen ermangeln und auf recht jämmerliche Darstellung des Mißgeschicks, von dem sich so viele Menschen verfolgt glauben, angewiesen sein. Auf diese Weise aber in wichtigen Lebensinteressen der Willkühr, selbst wenn dieselbe auf das Wohlwollendste gehandhabt wird, preisgegeben zu sein, kann keinem Volke auf die Dauer zusagen und frommen. Es gilt dieser unklaren Gefühlspolitik gegenüber der alte Satz: The tax, which each individual is bound to pay ought to be certain and not arbitrary und weiter: The uncertainty of what each individual ought to pay is in taxation a matter of so great importance, that a very considerable degree of inequality, it appears, I believe, from the experience of all nations, is not near to great an evil as a very small degree of uncertainty.

Kein Staat hat daher auch den Einschätzungsbehörden zu Einkommen- und Vermögensteuern das Recht gewährt noch neben dem Einkommen oder Vermögen die besondere wirthschaftliche Leistungsfähigkeit zu berücksichtigen und wenn bei den letzten Verhandlungen über die Steuerreform in Preußen eine beschränkte Berücksichtigung der Steuerfähigkeit ziemlich allgemeine Zustimmung gefunden hat, so ist in dieser Hinsicht Folgendes zu bemerken:

Vor allem ist hervorzuheben, daß die beiden Häuser des Landtages denn doch Bedenken getragen haben, die Steuerfähigkeit so im Allgemeinen als ein Einschätzungsmoment in die Steuerveranlagung neben dem Einkommen einzuführen. Es handelt sich vielmehr nur um die Ermäßigung des Steuerpflichtigen um eine Stufe in besondern genau bestimmten Fällen. Bei der großen Ungenauigkeit der Einschätzungen in die Einkommensteuer=

stufen, bei der Seltenheit, daß ein Gewerbtreibender oder Grundbesitzer wirklich in die Klasse eingereiht wird, in die er wirklich gehört, bei der noch größeren Willkühr der Veranlagung, an die man bei der Klassensteuer gewohnt war, will eine Herabsetzung um eine Stufe nicht viel sagen. Es würde verkehrt gewesen sein eine solche Befugniß den Einschätzungsbehörden zu bestreiten, die ohne diese besondere gesetzliche Ermächtigung thatsächlich schon eine viel größere Freiheit haben. Die Fälle aber, in denen von dieser Befugniß Gebrauch gemacht werden darf, sind beschränkt auf eine große Zahl von Kindern, die Verpflichtung zur Unterhaltung armer Angehöriger, andauernde Krankheit, ferner, sofern die Leistungsfähigkeit wesentlich dadurch beeinträchtigt wird, Verschuldung und außergewöhnliche Unglücksfälle. Daß damit die Menge der auf die Leistungsfähigkeit einwirkenden Momente nicht entfernt erschöpft ist, erhellt leicht. Die Auswahl aber erklärt sich zum Theil aus den Mängeln der Personalbesteuerung in Preußen. Zunächst schon aus der ungenügenden Definition des Einkommenbegriffs in dem preußischen Einkommensteuergesetze. Wäre in demselben die wissenschaftliche Definition des Einkommens, als derjenigen Summe von Gütern, die der Steuerpflichtige zur Befriedigung seiner Bedürfnisse verwenden kann, ohne daß sich seine Vermögenslage verschlechtert, aufgestellt und in etwaigen Erläuterungen genau festgehalten, so würde es nicht nothwendig sein, solche Momente, die das Einkommen verkleinern, noch einmal anzuführen, als solche die eine Herabsetzung der Steuerpflichtigen unter die Stufe, in die sie ihrem Einkommen nach gehören, begründen. Alle Nachtheile, z. B. die aus der Verschuldung entstehen, sollten bei Berechnung des Einkommens in Betracht gezogen werden, aber es ist höchst zweifelhaft ob § 27—30 des Gesetzes vom 1. Mai 1851 eine solche Berücksichtigung der Schuldzinsen bei allen Arten des Einkommens namentlich bei feststehenden Einnahmen, Besoldung u. s. w. gestatten und daher war es rathsam die Verschuldung als Grund der Ermäßigung noch besonders anzuführen. Noch mehr aber ist es die unverhältnißmäßige Belastung des Einkommens aus Arbeitsleistungen im Vergleich zu den meisten Arten der Vermögensnutzungen in der staatlichen und besonders der communalen Besteuerung, welche veranlaßt, daß man nach allerhand Hinterthüren sucht um überbürdete Arbeiter, Beamte und Andere, die ohne Vermögen von ihren Arbeitsleistungen leben, unter Umständen entlasten zu können. Es ist das dieselbe Rücksicht, welche die Staatsregierung veranlaßt festzuhalten an den durch das Gesetz vom 1. Juli 1822 eingeführten Begünstigungen der Staatsbeamten bei der Communalbesteuerung, obschon dieselben Gründe, welche dies Gesetz für eine geringere Communalbesteuerung der Staatsbesoldungen gegenüber dem fundirten Einkommen anführt, auch für anderes Einkommen aus Arbeitsleistungen geltend gemacht werden können. Doch damit treten wir ein in die Diskussion der zweiten Frage.

2) „Soll die Steuer eine progressive sein, in welchen Abstufungen

und bis zu welcher Grenze hat dann die Steigerung stattzufinden? und ist dann ein Unterschied zwischen fundirtem und nicht fundirtem Einkommen zu machen?"

Ueber die Frage der progressiven Einkommenbesteuerung als allgemeines Princip der Steuervertheilung haben wir uns in den einleitenden Bemerkungen schon ausgesprochen, aber von dem Urtheil über ein solches allgemeines Princip ist zu trennen die Frage, ob bei einer einzelnen Steuer eine Progression des Steuerfußes einzuführen sei. Es kann vielmehr zur Durchführung einer gleichmäßigen Einkommenbesteuerung eine progressive Einkommensteuer neben anderen den ärmeren Theil des Volkes vorzugsweise belastenden Steuern das unumgängliche Mittel sein. Und so ist es ja ohne Zweifel bei uns, wie in den meisten andern civilisirten Staaten, der Fall, daß die großen Consumtionssteuern auf Salz, Kaffee, Zucker und spirituose Getränke, Tabak u. s. w. in einer Haushaltung aus den mittleren und unteren Ständen die Jahresausgabe mehr erhöhen, als in den höheren. Bei diesen Steuern besteht eine Progression des Steuerfußes nach unten zu, so daß er bei den niederen Einkommenstufen höher ist, als bei den obern, es ist daher nicht mehr als billig, wenn bei der direkten Personalsteuer die umgekehrte Progression nach oben hin stattfindet.

Ueber das richtige Maß dieser Steigerung kann unseres Erachtens ein wohlbegründetes Urtheil nur gefällt werden auf Grund eines gründlichen Studiums des Budgets verschiedener Haushaltungen aus verschiedenen Ständen und einer Ermittlung der indirekten Steuern, welche dieselben ungefähr entrichten. Uns mangeln die Mittel zu einer solchen Vergleichung und wir müssen uns daher einer Beantwortung der gestellten Frage enthalten. Nur das glauben wir behaupten zu dürfen, daß die in dem neuen preußischen Einkommensteuergesetz angenommene Steigerung der Steuerquote von durchschnittlich 0,56 % bei einem Einkommen von 140—220 Thaler bis durchschnittlich 2,72 % bei einem Einkommen von 1000 bis 1200 Thlr. eine etwas starke ist und besser etwas langsamer in den unteren Stufen erfolgte, dagegen noch einige Stufen weiter fortgesetzt würde. Vor Allem dürfte eine derartige Aenderung berechtigt sein, wenn zwei Eventualitäten eintreten, die höchst wahrscheinlich in nicht ferner Zeit sich verwirklichen werden. Erstens die Aufhebung der Salzsteuer, wodurch die verhältnißmäßig starke Heranziehung der ärmeren Klassen zu den indirekten Steuern wesentlich gemildert wird und dann eine allgemeine Herabsetzung aller Steuersätze für die Einkommen unter 1000 Thaler in Folge der Fixirung des Gesammtertrages der früheren Klassensteuer einerseits und der wachsenden Bevölkerung andererseits. Der letztere Umstand würde die Differenz zwischen der Steuerstufe von 900—1000 und der von 1000—1200 Thalern noch weiter erhöhen, während doch in Norddeutschland gerade in den Einkommenstufen von 1000—2000 Thalern sich eine Menge von Haushaltungen befinden, die gewohnt an die Bedürfnisse der höheren Stände in

Bezug auf Kaffee-, Thee-, Zuckergenuß zu den wichtigsten Consumtionssteuern einen verhältnißmäßig hohen Beitrag zahlen.

Die Nothwendigkeit dem Einkommen aus Vermögensnutzungen eine größere Last aufzulegen, als dem aus Arbeitsleistungen haben wir eingehender zu begründen gesucht. Es kann dieser Forderung in einem Steuersystem dadurch genügt werden, daß man in der allgemeinen Personalsteuer zwischen fundirtem und unfundirtem Einkommen unterscheidet und das erstere höher besteuert, oder so, daß zwar in der Einkommensteuer alles Einkommen ohne Unterschied gleichmäßig herangezogen wird, aber die Vermögensnutzungen noch außerdem durch eine oder mehrere besondere Steuern getroffen werden. Der letztere Weg ist der von der preußischen Steuergesetzgebung eingeschlagene. Bei weitem der größte Theil des Volksvermögens unterliegt in seinem Ertrage außer der Einkommensteuer noch andern Steuern, nämlich der Grundsteuer, Gebäudesteuer, Gewerbesteuer, Eisenbahnsteuer, Bergwerksteuer. Dies neben der Einkommensteuer bestehende System der Ertragssteuern leidet aber an leicht erkennbaren, oft hervorgehobenen Mängeln. Einmal ist es ja klar, daß die ausgeliehenen Capitalien von dieser Besteuerung ganz frei bleiben. Da könnte man nun freilich von den an Grundbesitzer und Gewerbtreibende gemachten Darlehn sagen, daß sie in dem Grundbesitze und Gewerbebetriebe des Schuldners besteuert würden, und daß der Staat sich an dies sichtbare Vermögen halten müsse und keinen Beruf habe der Verschuldung des Vermögens in alle Verzweigungen zu folgen, aber von den Darlehen an den gar nicht besteuerten Staat, an die verschiedenen communalen Verbände und die nach der wirklich vertheilten Dividende besteuerten Eisenbahngesellschaften läßt sich auch das nicht behaupten. Sie sind auch nicht einmal indirect durch den Schuldner besteuert. Der Verfasser dieser gutachtlichen Aeußerung hat früher geglaubt durch Vervollständigung des Ertragssteuersystems mittels einer Capitalrentensteuer nach süddeutschem Muster könne dieser sichtbaren Ungerechtigkeit am einfachsten abgeholfen werden, und im Jahr 1861 einen dahin gehenden Vorschlag veröffentlicht, aber ein genaueres Studium der Communalbesteuerung hat ihn überzeugt, daß die Reform doch auf einem andern Wege angestrebt werden muß. Die Communalbesteuerung nämlich gewinnt zusehends eine früher ungekannte Bedeutung. Nicht nur die Organisation der Selbstverwaltung in Kreisen und Provinzen führt dazu, sondern noch viel mehr der Umstand, daß gerade diejenigen öffentlichen Bedürfnisse, welche durch die communalen Verbände erfüllt werden sich mit immer größerer Dringlichkeit geltend machen, und daß von ihrer Erfüllung unsere Culturfortschritte fast noch mehr abhängen, als von den Staatsausgaben. Wir denken dabei an die Verwendungen der Gemeinden für das Schulwesen, für eine gute Armenpflege im weitesten Sinne des Wortes, für Wege und Straßen, für Gesundheitspolizei u. s. w. Schon jetzt haben in vielen Städten die Communalsteuern eine die directe Staatsbesteuerung überschreitende Höhe erreicht und zahlreiche andere Gemeinden befinden sich auf dem besten Wege zur Erhebung von ähnlichen Beträgen. Nun ist aber gerade für die communale Besteuerung eine stärkere Heranziehung des im Gemeindeverbande fixirten oder im Gewerbebetrieb thätigen Vermögens gegenüber dem blos aus Arbeitsleistungen erworbenen Einkommen dringend nothwendig. Denn außer den andern Gründen, welche für eine Unterscheidung der Vermögensnutzungen und Arbeitsleistungen bei der Besteuerung sprechen, kommt hier in Betracht, daß ein großer Theil der communalen Verwendungen entweder dem im communalen Bezirk liegenden oder werbenden Vermögen vorzugsweise zu Gute kommt, oder durch dasselbe besonders verursacht wird. Für die Erhebung von Communalsteuern ist aber das bestehende System der Ertragssteuern ganz besonders ungeeignet. Der verschiedene Steuerfuß der Grundsteuer, der Steuer von bewohnten und gewerblichen Gebäuden und vor Allem der Gewerbesteuer, sowie die unvollkommene Art der Einschätzung zu diesen Steuern bewirken, daß fast überall die entschiedenste Abneigung gegen bedeutende communale Zuschläge zur Grund-, Gebäude- und Gewerbesteuer besteht. Dieser Unbrauchbarkeit der Ertragssteuern für communale Zwecke wird durch eine Reform derselben schwerlich abgeholfen werden, es wird vielmehr nothwendig sein in den Gemeinden neben der Einkommensteuer eine eigene communale Steuer von allem im Gemeindebezirk liegenden oder gewerblich thätigen Vermögen zu erheben. Hat man so besondere Steuern sowohl für die persönlichen Beziehungen aller Einwohner wie für die realen des im Gemeindebezirk fixirten oder werbenden Vermögens zur Gemeinde, so vermeidet man eine Menge von Widersprüchen und Schwierigkeiten, die aus der Besteuerung der Forensen und juristischen Personen gegenwärtig entstehen und bekanntlich ein wahres Kreuz der gesetzgebenden und verwaltenden Behörden sind. Vor Allem aber wäre dann in dem Theile der direkten Besteuerung der Forderung nach einer besonderen Heranziehung der Vermögensnutzungen genügt, in welchem dieselbe am meisten vernachlässigt und doch am meisten berechtigt ist. Bewährt sich diese von uns befürwortete communale Vermögenssteuer und ist es möglich die communalen Verbände zur Bestreitung ihrer Bedürfnisse großentheils auf dieselbe anzuweisen, so wäre es unseres Erachtens am richtigsten auf das unvollkommene Ertragsbesteuerungssystem auch für den Staat gänzlich zu verzichten, dagegen bei der Einkommensteuer, ungefähr so wie es der Gesetzentwurf von 1847 beabsichtigte, das gesammte fundirte Einkommen mit einem etwas höheren Steuerfuß heranzuziehen. Die communale Vermögenssteuer würde für eine solche besondere Veranlagung des fundirten Einkommens vortreffliche Unterlagen gewähren, wenn auch die Schätzung des steuerpflichtigen Vermögens für den Staat und die Gemeinde nicht zusammenfallen würden. Denn die Gemeinde würde auf das in ihrem Bezirk fixirte oder werbende Vermögen angewiesen sein, der Staat aber das ganze Vermögen des Steuerpflichtigen zur Besteuerung heranziehen. — Allerdings würde es schwerlich möglich sein durch eine solche höhere Besteuerung des fundirten

Einkommens, selbst wenn dieselbe mit strengeren Veranlagungsformen der Einkommensteuer verbunden würde, den ganzen Ausfall der fünf Ertragssteuern zu decken. Nur ein günstiger Zustand der Staatsfinanzen, auf den wir ja aber doch für die nächsten Jahre zu rechnen Ursache haben, würde daher eine solche weitere Reform gestatten. — Man sieht, wir kommen im Wesentlichen auf den viel besprochenen, von der Staatsregierung aber immer entschieden zurückgewiesenen Vorschlag einer Ueberweisung der Grund= und Gebäudesteuer an die Gemeinden hinaus. Nur möchten wir nicht auf überwiesene Quoten von an sich höchst mangelhaften, veralteten Staatssteuern die Gemeinden anweisen, sondern auf ein selbstständiges, den eigenthümlichen Verhältnissen der communalen Verbände angepaßtes Steuersystem und andererseits dem Staat für die Einnahmeverluste, die er durch Aufgeben der Ertragssteuern erleidet, einen Ersatz in höherer Besteuerung des fundirten Einkommens gewähren.

Sollten die Finanzen des Staats auch diese beschränkte Einbuße nicht erleiden können, so würde ja allerdings Nichts übrig bleiben, als die Ertragssteuern beizubehalten und dieselben durch Ausdehnung auf das bis jetzt von denselben nicht getroffene Vermögen, sowie durch eine Reform der Gewerbesteuer zu ergänzen und zu reformiren. Neben denselben würde, nach einer so bewirkten stärkeren Heranziehung des beweglichen und gewerblichen Capitals, eine Unterscheidung des fundirten und nicht fundirten Einkommens in der Staatseinkommensteuer der Gerechtigkeit nicht entsprechen, wohl aber würde für die Gemeinden die Nothwendigkeit einer besonderen communalen Vermögenssteuer neben der Einkommensteuer bleiben.

3) „In welcher Weise ist die Durchführung einer dem Gesetze entsprechenden gerechten Einschätzung zu bewirken, ist hierbei namentlich die Selbsteinschätzung zu Grunde zu legen? Durch welche Organe ist diese zu kontrolliren? und wie ist eine in allen Theilen des Staats gleichmäßige Veranlagung sicher zu stellen?"

In Bezug auf diese Frage, sowie auf die folgende müssen wir uns nicht nur wie bisher auf gedrängte Darlegung eigener Ansichten ohne hinlänglichen Beweis, sondern auf wenige aphoristische Bemerkungen beschränken, da eine gründlichere Beantwortung beider die diesem Gutachten gesetzten äußeren Grenzen weit überschreiten würde.

Im Ganzen scheint uns aus den bisherigen Diskussionen über die Reform der Einschätzungsmethode bei der preußischen Einkommensteuer soviel als übereinstimmende Ansicht der Meisten, die sich eingehender mit dieser Frage beschäftigt haben, hervorzugehen, daß eine vermehrte Anwendung der Selbsteinschätzung wünschenswerth, daß es aber andererseits bei uns unmöglich ist, sich auf die Selbsteinschätzung als auf das hauptsächlichste, durch das Gesetz angeordnete Veranlagungsmittel, von dem nur in Ausnahmefällen abgewichen wird, zu verlassen. Wünschenswerth ist sie, weil nur so das Gewissen der Steuerpflichtigen geschärft und eine „Steuerehre" ausgebildet werden kann und weil ohne eine Schärfung des all=

gemeinen Gewissens alle Formen der Veranlagung nur ein mangelhaftes
Resultat geben. Aber wenn man auch darüber hinweg sehen wollte, daß
zur Zeit die erforderliche allgemeine Gewissenhaftigkeit in Steuersachen noch
nicht besteht, in einem Staat, in welchem die Bevölkerung noch zum großen
Theil ihre eigenen Vermögensnutzungen und Arbeitsleistungen in natura,
ohne sie vorher zu Gelde zu machen, consumirt, sind eine Menge von
Steuerpflichtigen beim besten Willen nicht im Stande ihr Einkommen
genau anzugeben. Man würde, um, den gröbsten Irrthümern vorzubeugen
sehr detaillirt abgefaßte Deklarationen verlangen und dieselben einer scharfen
Prüfung unterwerfen müssen. Eine Menge unangenehmer Verhandlungen
und vielfache Correkturen der gemachten Angaben würden namentlich bei
der ländlichen Bevölkerung ganz unvermeidlich sein. Einen solchen Zustand,
der das Ehrgefühl gewissenhafter und ehrenhafter Steuerpflichtigen aufs
tiefste verletzen müßte, möchten wir nicht befürworten und deshalb von
einer allgemeinen, obligatorischen d. h. unter Strafen erzwungenen Selbst=
einschätzung am liebsten absehen. Wohl aber könnte man den Steuer=
pflichtigen mit einem Einkommen über 1000 Thaler die Selbsteinschätzung
mehr, als gegenwärtig geschieht, nahe legen, einmal direkt durch eine an
sie vor der Veranlagung zu richtende Aufforderung ihr Einkommen nach
den Hauptbezugsquellen geordnet anzugeben und dann indirekt durch eine
scharfe und möglichst genaue Einschätzung der nicht Fatirenden. Das erste
Mittel ohne das zweite würde wenig verfangen, denn so lange die Ein=
schätzung so bleibt wie sie jetzt ist, werden die Meisten vorziehen die Ein=
schätzung abzuwarten und nur dann zu deklariren, wenn sie unvortheilhaft
ausgefallen ist. Nur eine Verschärfung der Einschätzungen und eine be=
sondere Aufmerksamkeit der Einschätzungsbehörden auf die ohne Grund
nicht Fatirenden kann allmählich zur Selbsteinschätzung hinüberleiten.
Darin liegt ja auch in England das einzige Mittel, durch welches in
shed. D. der dortigen Einkommensteuer eine fast allgemeine Selbstein=
schätzung herbeigeführt wird. Wie ist aber diese strengere Einschätzung zu
bewirken? Soviel auch über diese Frage in neuerer Zeit geschrieben und
verhandelt worden ist, immer scheinen uns noch die Gedanken, welche seiner
Zeit Kries für die Reform der preußischen Einkommensteuer (Zeitschr. für
die ges. Staatswissenschaft. Bd. XI. S. 361 ff.) entwickelt hat, die be=
achtenswerthesten. Er empfahl, wesentlich auf die Erfahrungen in England
und in einigen großen deutschen Städten z. B. Berlin gestützt, 1) größere
Einschätzungsbezirke, in denen die persönlichen Beziehungen der Einschätzen=
den zu den Steuerpflichtigen, sowie das lokale Interesse mehr zurücktreten.
2) Uebertragung der eigentlichen Veranlagungsgeschäfte, nämlich Sammlung
des erforderlichen thatsächlichen Materials, Stellung des ersten Antrags
u. s. w. vom Landrath auf eigene, von den Finanzbehörden ausschließlich
ressortirende Steuerbeamten, Regierungsbevollmächtigte, surveyors of taxes.
Beide Vorschläge beziehen sich natürlich nur auf die eigentliche Einkommen=
steuer, nicht auf die Klassensteuer, bei der größeren Bezirke unthunlich sein

würden und auch nach dem neuesten Gesetzentwurfe die Bezirksregierung die Feststellung der ersten Veranlagung in der Hand hat. 3) Mündliche Verhandlung jeder Remonstration oder Reklamation vor versammelter Einschätzungs- resp. Reclamations- oder Bezirkscommission und unter persönlichem Erscheinen des Reklamirenden. 4) Oeffentlichkeit des Resultats der Einschätzungen. Zu diesen Vorschlägen möchten wir noch einen hinzufügen nämlich die strenge Verpflichtung der Commissionsmitglieder zu genauer Selbsteinschätzung. Von den Mitgliedern der Einschätzungscommissionen kann man verlangen, daß sie wirthschaftliche Bildung genug haben um ihr Einkommen auf das Genaueste berechnen zu können. Man braucht daher auch kein Bedenken zu haben ihnen eine schriftliche Darlegung desselben unter den ernstesten Bekräftigungsformen (Versicherung auf Ehre und Gewissen oder an Eides statt) abzufordern. Nichts aber dürfte so sehr die Neigung einer Commission zu möglichst genauer Einschätzung vermehren, als der Umstand, daß ihre eigenen Mitglieder sämmtlich zu ihrem wirklichen Einkommen genau veranlagt sind. — Endlich scheint uns zur Sicherung gleichmäßiger Veranlagung eine Centralcommission unumgänglich nothwendig. Sowie eine gleichmäßige Ausbildung und Handhabung des Privatrechts ohne einen einheitlichen höchsten Gerichtshof unmöglich ist, so bedarf ein großes Land auch für das öffentliche Recht der Centralorgane, welche die gleichmäßige Interpretation und Ausführung der allgemeinen Landesgesetze sichern. Nur das könnte m. E. zweifelhaft sein, ob man dieser Centralbehörde für die Einkommensteuerveranlagung nur ein Urtheil über Rechts- oder auch über thatsächliche Fragen einzuräumen habe. Für die thatsächliche Ermittlung des Einkommens der einzelnen Steuerpflichtigen würde sie aber doch wahrscheinlich ohne wirklichen Nutzen sein, und deshalb möchte es genügend scheinen eine Appellation an dieselbe nur zu gestatten, wenn entweder über die bei Berechnung des Einkommens maßgebenden Grundsätze oder über die zur Ermittlung des Einkommens zulässigen Mittel von Seiten des Steuerpflichtigen oder des mit dem Veranlagungsgeschäft betrauten Staatsbeamten Klage geführt wird. Die Zusammensetzung dieser Centralbehörde würde m. E. am besten in ähnlicher Weise wie die des Bundesamtes für das Heimathwesen geschehen.

4. „Welche indirekten Steuern können und müssen gegenüber einer solchen schärferen Heranziehung der persönlichen Leistungsfähigkeit der Bürger gegenüber und in Anbetracht ihrer wirthschaftlichen Schädlichkeit unbedingt gleichzeitig beseitigt werden?"

Die Frage betrachtet, wie es scheint, die schärfere Heranziehung persönlichen Leistungsfähigkeit als gleichbedeutend mit einer Ausdehnung der direkten auf Kosten der indirekten Besteuerung und hält die letztere Maßregel für ebenso selbstverständlich, wie die erstere. Nun kann man aber sehr wohl eine gerechtere Vertheilung der direkten Steuern befürworten und doch das Gesammtquantum der durch sie aufzubringenden Summen gegenüber dem Ertrage der indirekten Steuern nicht vermehren wollen.

Der Fragesteller setzt sich sogar mit sich selbst einigermaßen in Widerspruch, insofern er in Frage 1 die Ausdehnung der direkten persönlichen Besteuerung auf die untern Volksklassen als eine zweifelhafte Controverse aufstellt. Denn wenn man zu dem Resultate kommt, daß die Entwicklung der wirthschaftlichen Cultur die Erhebung direkter Personalsteuern von der großen Menge gemeiner Handarbeiter immer schwieriger macht, und daß dieser große Theil des Volks seinen Steueranteil besser durch Consumtionssteuern als in direkten Personalsteuern entrichtet, so kann man unmöglich zugleich dafür halten, daß die indirekte Besteuerung unbedingt zu Gunsten der direkten einzuschränken sei. Gewiß bedarf auch unsere indirekte Besteuerung der Reform, aber aus politischen, in der Reichsverfassung begründeten, wie aus finanziellen Gründen würden wir vorziehen die Reformen so anzustellen, daß die nothwendigen Ermäßigungen durch Erhöhungen anderer indirekter Steuern möglichst gedeckt würden [1].

Es ist nun leicht in dieser Hinsicht vom Standpunkte des socialen Reformers gewisse Forderungen aufzustellen. Namentlich würde da das englische Vorbild einer Befreiung aller nothwendigen Lebensbedürfnisse und einer Concentration der indirekten Besteuerung in erster Linie auf Tabak und spirituöse Getränke, demnächst auf Zucker und Colonialwaaren zur Nachahmung reizen. Von diesem Gesichtspunkte aus wären vor Allem die Zölle resp. Steuern von Salz, Häringen und anderen Fischen und von Reis als solche zu bezeichnen, deren Wegfall wünschenswerth wäre. Demnächst kämen wohl die Zölle auf Rindvieh und Schweine in Betracht, sowie endlich auch, wenn auch erst in zweiter oder dritter Linie der Kaffeezoll. Daß wir den letztern hier aufführen, bedarf vielleicht einer kurzen Erläuterung. Eines Reizmittels bedürfen nun einmal die unteren Volksschichten bei knapper Ernährung und vor Allem sparsamen Fleischgenuß mehr noch als die Wohlhabenden. In Nord= und Mitteldeutschland ist aber für diesen Zweck Wein und selbst Bier in der Regel zu theuer und zu schlecht. Es bleibt also Branntwein und der besonders in den industriellen Gegenden Mitteldeutschlands in großer Ausdehnung angewandte Kaffee. Daß der Branntweingenuß seine Gefahren hat, bedarf keiner weiteren Erläuterung und deshalb dürfte der Kaffee als das beste Gegengewicht gegen denselben unter den Consumtionsartikeln so wenig als möglich zu vertheuern sein.

---

[1] Eine Ausnahme macht natürlich die Schlacht= und Mahlsteuer oder die nach der bevorstehenden Reform noch in einigen Städten bleibende Schlachtsteuer. Die letztere durch direkte Communalsteuern zu ersetzen wird eine der bringendsten Aufgaben der Gesetzgebung bleiben. Denn gegen die communale Schlachtsteuer spricht die nothwendige Befreiung des inneren Verkehrs von Binnenzöllen und die nothwendigen, für die Gesundheit des Volks wichtigen Lebensbedürfnisse von Steuern und endlich die Gerechtigkeit, welche nicht gestattet, daß der einen Gemeinde erlaubt, der anderen verboten sei Nichteinwohner zur communalen Besteuerung heranzuziehen.

Aber andererseits ist zu erwägen, daß unsere deutschen Verhältnisse einem Ersatz dieses Ausfalls durch andere indirekte Steuern die allergrößten Schwierigkeiten in den Weg stellen. Am ersten wäre wohl noch eine mäßige Erhöhung der Zuckerbesteuerung thunlich, dagegen scheint es in der That unmöglich vom Tabak und spirituosen Getränken auch nur annähernd ähnliche Steuern zu erheben, wie sie alle anderen Culturnationen von diesen Artikeln beziehen. Wir wollen auf die Frage der Tabakbesteuerung nicht eingehen, man wird ja demnächst sehen, was das Resultat der Arbeiten des Bundesraths und Reichskanzleramts in dieser Beziehung sein wird. In Bezug auf die spirituosen Getränke genügt es nur die eine Thatsache zu erwähnen, daß Preußen und die Reichsgewalt die Besteuerung des inländischen Weins nach vielen verfehlten Versuchen völlig aufgeben zu müssen geglaubt hat. Wie kann man aber die Branntwein und Bier trinkende Bevölkerung immer höher besteuern, während die weintrinkende ganz frei von der Besteuerung eines durchaus analogen Genusses bleibt? Aber auch abgesehen von diesem gewiß nicht gering anzuschlagenden Miß= verhältniß setzt die große Zersplitterung des Gewerbes der Brennerei und Brauerei in vielen Theilen Deutschlands, die Beziehungen der ersteren zur Landwirthschaft in anderen einer erheblichen Steigerung der betreffenden Steuern große Hindernisse entgegen.

Auf dem Gebiete der indirekten Besteuerung dürfte es daher vorzugs= weise angezeigt sein den Gesichtspunkt nicht außer Acht zu lassen, von dem wir in unsern Erwägungen ausgingen, daß nämlich bei der Ordnung des Steuerwesens die gleichmäßige Vertheilung der Steuerlast unter die ein= zelnen Steuerpflichtigen nicht der einzige, alles Andere beherrschende Gesichts= punkt sein kann.

Bonn im April 1873.

Gutachten
über
die Steuerfrage.

Erstattet von

Prof. Dr. Adolf Held aus Bonn.

Die vier Fragen, welche der Eisenacher Ausschuß betreffs der Besteuerung gestellt hat, umfassen so ziemlich alle wichtigeren Principienfragen, die bei der Besteuerung überhaupt in Betracht kommen, und ihre gründliche Behandlung erheischt überdies eine eingehende Berücksichtigung der Finanzgesetzgebung und Finanzstatistik der jüngsten Zeit.

Eine genügend motivirte Beantwortung ließe sich daher ohne starke Ueberschreitung des gestatteten Umfangs nicht geben. — Bezüglich der Einkommensteuer habe ich die gestellten Fragen erst kürzlich ausführlich besprochen (Die Einkommensteuer, Bonn 1871). Auch darf ich über die neueste Gesetzgebung d. h. über das Preußische Klassen- und Einkommensteuer-Gesetz — welchem allerdings die Zustimmung des Herrenhauses noch fehlt — auf einen Aufsatz von mir in der Concordia, und auf eine Arbeit des Herrn Dr. Gensel im Arbeiterfreund, der ich im Wesentlichen zustimme, Bezug nehmen. So glaube ich mich an diesem Orte auf das möglichst kurze Aussprechen meiner Ansicht in den Hauptpunkten beschränken zu dürfen.

Die erste allgemeine Frage lautet:

Wie ist unsere bestehende directe Personalbesteuerung im Sinne der Gerechtigkeit und einer richtigen Würdigung der wirthschaftlichen Interessen am zweckmäßigsten zu reformiren?

Hier ist zunächst hervorzuheben, daß es bei einer Reform der Personalbesteuerung vor Allem darauf ankommt, welche anderen directen und indirecten Steuern gleichzeitig bestehen. Indirecte Steuern, welche auf Artikel allgemeinen Gebrauchs gelegt sind, haben bekanntlich bis zu einem hohen Grade die Wirkung von Kopfsteuern und bilden eine wichtige Concurrenz mit der directen Personalsteuer der unteren Classen. Ihre Existenz macht die directe Personalsteuer der unteren Classen vom Standpunkt der **materiellen Gerechtigkeit** geradezu überflüssig, was ja in England auch durchgeführt ist. Freilich bleibt es immer wünschenswerth, daß dennoch eine directe Personalsteuer der unteren Classen bestehe, weil auf diese Weise allein die Steuerpflicht **formell** anerkannt wird und ihre Leistung zum Bewußtsein kommt. Indessen bewirkt doch das Vorhandensein dieser indirecten Steuern, daß die directe Personalsteuer in den untersten Einkommenstufen vom Standpunkt der Gerechtigkeit

1) keiner genauen und ängstlichen Abstufung bedarf,
2) überhaupt nur sehr gering sein darf, da sie ja doch nur eine formell wichtige Ergänzung der materiell die Hauptlast bildenden indirecten Besteuerung ist.

Die Beantwortung der vier speciellen Fragen wird, auf das oben Erwähnte zurückzukommen, Veranlassung geben. Hier nur noch die allgemeine Bemerkung, daß bei der Würdigung eines Steuersystems im Ganzen und einzelner demselben angehörigen Steuern die Frage nach den wirthschaftlichen **Interessen** der Gesammtheit der Unterthanen, der einzelnen Stände und des Fiscus immer in den Vordergrund gestellt werden muß. Die **Gerechtigkeit** voranzustellen ist deshalb verfehlt, weil es, wenn man von Steuern de lege ferenda handelt, ein einfaches allgemein anerkanntes und allgemein anwendbares Princip der Gerechtigkeit nicht giebt, wie schon der nie zu schlichtende Streit darüber beweist, ob dem Steuersystem im Ganzen die Proportion oder Progression zu Grunde liegen müsse. Die Proportionalität läßt sich auf dem heute als unhaltbar erkannten Princip von der Gleichheit der Leistungen an den Staat mit dem vom Staat gewährten Vortheilen nicht mehr aufbauen, und sowie man den Grundsatz von der Gleichheit der Opfer zum Ausgangspunkt nimmt, entsteht die ewig offene Frage, ob und welche Progression am gerechtesten sei. Es ist ein schöner und erhabener Gedanke, auch im Gebiete der Steuerpolitik die Gerechtigkeit zum Fundament der Staaten zu machen und den alten Satz „suum cuique" durchzuführen. Aber man muß bedenken, daß es gerade hier eine natürliche Gerechtigkeit, die sich a priori erkennen läßt, nicht giebt. Nur eine relative Gerechtigkeit kann erzielt werden dadurch, daß man den oben erwähnten Interessen, die nach Ort und Zeit von verschiedener Wichtigkeit sind, in der möglichst gleichmäßigen Weise gerecht wird. Es kommt darauf an, wie die ökonomischen Verhältnisse des Landes und die Beziehungen der Stände zu einander sich historisch entwickelt haben, und wie groß zur Zeit die Bedürfnisse des Staates sind.

Bekanntlich hat sich die Besteuerung allmälig als eine Ergänzung der Domänen- und Regaleinnahmen unter dem System des Absolutismus entwickelt, bis zuletzt die Besteuerung zur überwiegenden Haupteinnahmequelle des Staates wurde. Es gab Anfangs keine andere Rücksicht als die, wie weit sich die Rechte des Staats resp. des Fürsten ausdehnen ließen. Dies artete zu einer willkürlichen Bedrückung, zu einer schonungslosen Ausbeutung der Rechte des Fürsten gegenüber den privaten Interessen der Unterthanen aus. Da ertönte seit dem Anfang des vorigen Jahrhunderts (Boisguillebert) immer lauter der Ruf nach Gerechtigkeit der Steuervertheilung d. h. nach Berücksichtigung auch der wirthschaftlichen Interessen des Volkes. Nach der Anschauung des Naturrechts, das als Reaction gegen willkürliche Fürstenmacht auftrat, verlangte man Proportionalität der Steuern zu dem Einkommen, was der Idee entsprach, daß der Staat ein Conglomerat gleichberechtigter Individuen sei. Diese „Gerechtigkeit", die nichts Anderes war als eine extreme Betonung des Satzes, daß der Regent nicht der Staat selbst sei und nicht gleichgültig gegen das Volk beliebige Interessen verfolgen dürfe, wurde aber niemals vollständig durchgeführt, was schon deshalb nicht angieng, weil bei der Vielheit der Steuern und dem unberechenbaren Factor der Ueberwälzung die Ausscheidung der vom Einzelnen wirklich getragenen Steuerlast eine reine Unmöglichkeit war. Wir verdanken dieser ganzen Bewegung, die in der ökonomischen Schule von Adam Smith ihren reinsten Ausdruck fand, nicht die wirkliche Durchführung einer arithmetisch fixirten, absoluten Gerechtigkeit, sondern nur die Abschaffung der Willkür, feste Ordnung des Steuerwesens und Berücksichtigung der Interessen der Unterthanen.

Nach Erzielung dieser wichtigen Resultate sind wir heute bei dem Punkte angelangt, wo neue Bedürfnisse uns zwingen, das alte Princip der doch niemals praktisch durchführbaren Gerechtigkeit gegenüber den einzelnen Individuen durch ein neues zu ersetzen.

Wir können die wirthschaftlichen Zustände des Volkes nicht mehr als das Product des Zusammenwirkens individueller gleichwerthiger Kräfte betrachten. Wir sehen sich ökonomische Stände d. i. Gruppen von Individuen mit gleichen Interessen entwickeln, die sich immer schärfer absondernd einander gegenüberstehen. Der gesellschaftliche Gegensatz zwischen Besitz und Proletariat ist in den Vordergrund getreten gegenüber dem alten Gegensatz zwischen absoluter Regierung und freiheitslustiger Gesammtheit des Volkes. Galt es früher, das Steuersystem zu Gunsten der politischen Freiheit des Volkes überhaupt zu ordnen, wozu die naturrechtliche Gerechtigkeit ein praktisch brauchbares Schlagwort war, so ist heute das wichtigste Bedürfniß, die Steuerlast zwischen Arm und Reich so zu vertheilen, daß dadurch der Gegensatz zwischen den socialen Ständen nicht noch mehr verschärft, sondern gemildert wird.

Es ist kein Zweifel, daß unsere überkommenen Steuern eine umgekehrte Proportion darstellen, d. h. die Aermeren faktisch einen größeren Prozentsatz ihres Einkommens zahlen als die Reicheren. Das ergiebt sich einfach daraus, daß die indirecten Steuern, welche in vielen Staaten mehr als die Hälfte, in allen nahezu die Hälfte des ganzen Steuerertrags ausmachen, ganz vorherrschend auf Gegenstände des allgemeinen Gebrauchs gelegt sind.

Diese indirecten Steuern abschaffen wollen, ist eine Utopie. Ja wo eine „umgekehrte Proportion" der Belastung eingelebt und gewohnt und durch Ueberwälzung consolidirt ist, wird man sie nicht von vornherein als ungerecht und unverträglich bezeichnen können. Aber immer stärker entwickelt sich in den unteren Ständen das aufregende Gefühl, daß auch der Staat durch eine Steuern die arbeitenden Classen vorzugsweise als Mittel zum Zweck, als Gegenstand der Ausbeutung behandele. Erleichterung der untersten Classen ist der Ruf, der heute, wenn von Steuerreform die Rede ist, am lautesten ertönt, und die allmäliche Abschaffung der umgekehrten Proportion ist zu einem socialpolitischen Bedürfnisse geworden, wenn sie auch kein absolutes Postulat der Gerechtigkeit ist.

Nun ist es bekanntlich bei der ganzen socialen Frage nicht sowohl das absolute Elend der niederen Stände, das aufregend wirkt, als der Gegensatz gegen die Besitzenden. Auch betreffs der Steuern kann, bei uns wenigstens, Niemand behaupten, daß dieselben den Armen die Existenz und den Aufschwung unmöglich machen. Ich glaube entschieden, daß eine positive Verminderung der Steuerlast der unteren Classen nicht unbedingt nothwendig ist, sondern nur eine Verschiebung des Verhältnisses der Steuerlast zwischen Arm und Reich, derzufolge die Aermeren den Eindruck bekommen, daß der höhere Reichthum größere Pflichten auferlegt, die gern und bereitwillig getragen werden.

Dies kann erreicht werden ohne plötzliche Umgestaltung unseres ganzen Steuersystems, die immer gefährlich wäre; einfach dadurch, daß die unvermeidliche Steigerung des Staatsbedarfs vorzugsweise durch Steigerung der directen Steuern gedeckt wird, bei denen eine stärkere Anspannung der Steuerkraft der Reicheren überhaupt möglich ist.

Wenn wir bedenken, welche hohen und immer wachsenden Aufgaben dem Culturstaat der Neuzeit obliegen, und wie der Einzelne nur in einem starken und blühenden Staatswesen gedeihen kann, so kann ich nicht umhin, es auszusprechen, so paradox und Vielen anstößig es auch erscheinen mag: Es ist nicht gut, daß wir bei Steuerreformen immer in erster Linie von Erleichterung sprechen, Steuerverminderung und Einschränkung des Heeres verlangen und dadurch an die alten Zeiten erinnern, wo man in Betonung des Gegensatzes zwischen Volk und Regierung das Wesen des Fortschrittes suchte. Nicht daß die Armen zu Viel, sondern daß die Reichen zu wenig Steuern zahlen, das ist das sociale Uebel, an dem wir im Gebiete des Steuerwesens laboriren. Der Reichthum der Reichen steht zu wenig im Dienste der Gesammtheit, erscheint zu sehr als ein egoistisch ausgebeuteter Vorzug, zu wenig als eine den Interessen Aller dienende Macht. Der größte sociale Gewinn und die heute allen Steuerreformen zu Grunde zu legende Tendenz wäre es, daß die Reichen mehr und bereitwilliger als bisher Theile ihres Besitzes und die durch ihren Besitz gewonnene freie Zeit in den Dienst der Gesammtheit stellten. Der höhere Reichthum als Grundlage höherer Bürgertugend hat das Recht zu bestehen und zu wachsen und kann den ihm entgegenstehenden erbitterten

Neid der unteren Classen in gebührende Achtung verwandeln. Bei den Debatten über neue Steuern haben die Besitzenden die beste Gelegenheit zu zeigen, ob sie ihre socialpolitische Aufgabe begreifen[1]).

Meine Grundanschauungen über Steuerreform sind also nicht derartig, daß sie den unteren Classen mit der Hoffnung auf einen materiellen Gewinn schmeicheln; ebensowenig vertrete ich eine einfache theoretische Formel, die Vielen einleuchtet und von Allen bei jeder beliebigen praktischen Frage für sich ausgebeutet werden kann. Ich verlange nur, daß in den politisch einflußreichen Kreisen der Gesellschaft auch in Bezug auf Steuern die Tendenz herrschend werde, in der Erfüllung höherer politischer Pflichten den größten Stolz des Staatsbürgers zu suchen: Diese Tendenz kann sich in der verschiedensten Weise bei verschiedenen Steuerreformen äußern: Es kommt vom socialen Standpunkt aus nur darauf an, daß sie sich überhaupt erkennbar und kräftig äußere, um dadurch die Verstimmung der unteren Classen zu beschwichtigen.

Nach diesen kurzen Bemerkungen über meinen Standpunkt gegenüber modernen Steuerreformen im Allgemeinen gehe ich zu den gestellten speciellen Fragen über. Die erste derselben lautet:

Ist das Einkommensteuerprincip streng auf alle Klassen der Gesellschaft anwendbar oder sind ganze Gesellschaftsschichten von dieser wie von der directen Steuer überhaupt freizulassen, und bis zu welcher Grenze ist bei der Einschätzung zur Einkommensteuer noch die besondere wirthschaftliche Leistungsfähigkeit neben dem Einkommen zu berücksichtigen?

Die Einkommensteuer im Sinne der Frage steht im Gegensatz zu der indirecten und zu der Ertragssteuer (Grundsteuer ꝛc.). Von den indirecten Steuern ist hier nicht zu reden, von den Ertragssteuern nur insofern, als gesagt werden muß, daß diese unter der „directen Steuer, von der ganze Gesellschaftsschichten befreit werden sollen", nicht mit einbegriffen werden können, da die Ertragssteuern auf die persönlichen Verhältnisse des Steuerzahlers überhaupt keine Rücksicht nehmen, sondern sich nur an das Object halten.

Außerdem steht die Einkommensteuer im Sinne der Frage noch im Gegensatz zu der Klassen- und der reinen Personalsteuer d. h. jenen directen Steuern welche sich an die Person des Steuerzahlers im Ganzen halten, ohne jedoch dessen Einkommen genau zu berechnen und dieses der Steuer zu Grunde zu legen.

---

[1]) Wenn in England für Abschaffung der Einkommensteuer d. i. der einzigen nennenswerthen directen Staatssteuer agitirt wird, so ist dies ein Zeichen von höchst bedenklicher Gesinnung. Würde — wozu vorläufig keine Aussicht ist — dieser Agitation nachgegeben, so wäre dies ein Fehler, den kein Nachlaß unbeliebter indirecter Steuern wieder gut machen könnte.

Es ist nun meines Erachtens durchaus wünschenswerth, daß eine directe Personalsteuer — die Frage bis wieweit dabei eine Einkommensberechnung stattfindet oder nicht, bleibt vorläufig ausgesetzt — von allen wirthschaftlich selbständigen Personen im Staate erhoben werde. Von allen Steuern ist die directe Personalsteuer diejenige, bei der die persönliche Verpflichtung und Leistung gegen den Staat am deutlichsten, ja allein überhaupt deutlich zum Ausdruck gelangt, und die allein als ein durch die Arbeitstheilung gebotener Stellvertreter des persönlich geleisteten Dienstes erscheinen kann.

Wo Ertragssteuern bestehen, kann man freilich die Personalsteuer ohne Ungerechtigkeit und Härte nicht sehr hoch schrauben. Es ist hier noch nicht der Ort, die Frage der Abschaffung der Ertragssteuern und ihrer Ersetzung durch Personalsteuern zu besprechen. Es genügt meines Erachtens hier zu bemerken, daß auch als ergänzende directe Steuer, wie es in Preußen der Fall ist, die Personalsteuer eine hohe politische und finanzielle Bedeutung hat. Die finanzielle Bedeutung liegt darin, daß die Personal- (und Einkommensteuer) diejenige Einkommensquelle des Staats ist, die sich im Bedürfnißfalle mit den relativ geringsten Störungen des wirthschaftlichen Lebens des Volkes erhöhen und erniedrigen läßt. Die politische darin, daß diese Steuer eine von allen selbstständigen Unterthanen gleichmäßig getragene Pflicht ist, also ein kräftiger Ausdruck des Gedankens gemeinsamer Pflichten, welche die Grundlage gemeinsamer Rechte bilden. —

Meines Erachtens darf keine Gesellschaftsschicht von dieser Steuer ganz ausgenommen werden. Das sogenannte Existenzminimum ist eine unfaßbare Größe, ein mathematischer Punkt bildet die Grenze. Selbstverständlich können solche, die der Armenpflege anheimfallen, factisch nicht directe Steuer zahlen, eben diesen kann man aber auch zeitweilig die politischen Herrschaftsrechte, d. h. das Wahlrecht nehmen. Alle Uebrigen können durch Zahlung weniger Groschen ihre Bürgerpflicht bethätigen ohne deshalb Schaden zu leiden; ja sie gewinnen eben durch das Bewußtsein der Leistung.

Bei den Reicheren ist es praktisch zweckmäßig, ja unvermeidlich, das Einkommen zu berechnen und danach das Maß der Personalsteuer festzusetzen (Einkommensteuer). Bei den niederen Ständen hat dies wenig Sinn:

1) weil die genaue Berechnung des Einkommens zu kostspielig wäre im Vergleich mit dem Ertrag,
2) weil die Berechnung des Einkommens wegen verschiedener Naturaleinnahmen und eigener Unkenntniß der Betheiligten zu schwierig,
3) weil das Einkommen gar kein Maßstab der Leistungsfähigkeit in diesen Ständen ist, da es auf die Zahl der zu ernährenden Angehörigen und die Art der Beschäftigung d. h. den nothwendigen Standesaufwand ankommt,
4) weil in diesen Ständen, wie oben bemerkt, die materielle Leistung

doch hauptsächlich in den indirecten Steuern besteht, und die directe Steuer ihre Bedeutung nur darin hat, daß sie auch in den unteren Classen das Bewußtsein staatlicher Pflichten erwecken soll.

Wenn so bei den niederen Einkommensklassen eine genaue Einkommensberechnung zwecklos ist, so würde auch eine sonstige Berücksichtigung der speciellen Leistungsfähigkeit nach gesetzlicher Casuistik unpraktisch sein, da eine solche doch nie alle Fälle des praktischen Lebens richtig treffen würde.

Es scheint mir ein durchaus richtiger Gedanke, daß man nach dem alten Preußischen Gesetze die Einkommenberechnung erst bei 1000 Thlr. Einkommen beginnen ließ. Heute könnte man füglich die Grenze auf 1200 Thlr. hinaufschieben. Von da ab wird es zweckmäßig sein, die Personalsteuer einfach ohne jede weitere Rücksicht nach Prozenten des Einkommens (wobei zur Erleichterung Klassen gemacht werden können) zu erheben.

Was die selbstständigen Personen mit weniger als 1200 Thlr. Einkommen anbelangt, so zerfallen diese in zwei Kategorieen:

Die unterste Kategorie bildet die Masse der **ungelernten Arbeiter**, im Ganzen der größere Theil der durch den neuen Gesetzentwurf von der Klassensteuer befreiten Personen. Diesen Personen, zu denen man heutigentags füglich Alle rechnen kann, deren nachweisliches Einkommen unter 200 Thlr. bleibt, kann man nur eine ganz kleine Personalsteuer, die von jeder Haushaltung und jeder selbstständig lebenden Person in wenigen und möglichst bequemen Terminen erhoben wird, auflegen. Gegenüber vagabundirenden und zahlungsunwilligen Personen kann man auch mit den Executionen möglichst milde sein (ich beziehe mich dabei auf Dr. Gensel), nur glaube ich, daß füglich denjenigen, die ihre Steuern nicht zahlen, der zeitweilige Verlust des Wahlrechts als Strafe auferlegt werden kann[1].

Die andere Kategorie umfaßt **gelernte Arbeiter aller Art, kleinere Beamte, Bauern, Gewerbtreibende und Rentiers**. Auf diese Personen finden bei dem heutigen starken Wechsel der Verhältnisse die Klassen nach der Idee des alten Preußischen Klassensteuergesetzes keine praktische Anwendung mehr. Man muß sie nach Einkommenstufen in Klassen theilen, die jedoch weit gegriffen werden dürfen etwa von 100 zu 100 Thalern. Eine genaue Einkommensabschätzung ist auch in dieser Kategorie unnöthig und genügt die allgemeine Einschätzung durch locale Commissionen, denen hier im Allgemeinen aber ohne gesetzliche Casuistik das Recht gegeben werden muß, bei der Einschätzung die persönliche Leistungsfähigkeit neben dem Einkommen zu berücksichtigen.

---

[1] Wenn der neue Preußische Gesetzentwurf die unterste Klasse der selbstständigen Unterthanen ganz von directer Steuer befreit, so mag dies finanziell ganz praktisch sein — aber vom socialen Standpunkt halte ich diese Befreiung für durchaus nicht günstig, da die gewährte materielle Erleichterung sehr unbedeutend ist und ebensogut durch Verminderung irgend einer indirecten Steuer hätte erzielt werden können — während sie den von der Steuer Befreiten jedenfalls das Bewußtsein der gleichmäßigen Pflichterfüllung mit ihren wohlhabenderen Mitbürgern nimmt. —

Danach müßte die allgemeine Personalsteuer aus 3 Hauptstufen bestehen:
- I. Reine Personalsteuer ohne weitere Abstufung für alle ungelernten Arbeiter und Personen unter 200 Thaler Einkommen.
- II. Klassensteuer in 10 Einkommensklassen für die Personen bis 1200 Thlr. Einkommen ohne ängstliche Abschätzung des Einkommens und mit Berücksichtigung der persönlichen Verhältnisse.
- III. Reine Einkommensteuer für die Personen mit mehr als 1200 Thlr. Einkommen, welche eine genaue Einkommensabschätzung erfordert; diese kann durch Commissionen und ohne genaue Untersuchung der einzelnen Einkommensquellen nicht stattfinden, sondern erfordert einen von dem bisherigen grundsätzlich abweichenden sich an das System der Ertragssteuern und die Englische income tax an=schließenden Erhebungsmodus[1].

Die zweite der vorgelegten speciellen Fragen lautet:

Soll die Steuer eine progressive sein, in welchen Abstufungen und bis zu welcher Grenze hat dann die Steuerung stattzufinden, und ist hiebei ein Unterschied zwischen fundirtem und nicht fundirtem Einkommen zu machen?

Die Frage, ob das ganze Steuersystem eine progressive Belastung der Unterthanen nach ihrem Einkommen bewirken soll oder nicht, können wir auf sich beruhen lassen, da wir vorläufig vollauf zu thun haben, durch fortwährende Reformen die herrschende umgekehrte Progression zu entfernen. Betrachten wir nur unsere neben den indirecten und Ertragssteuern bestehende Personal= und Einkommensteuer, so muß diese nothwendig progressiv sein, da es gar nicht möglich ist, in den untersten Klassen so hohe Prozentsätze wie bei den Reicheren zu erheben, und da eine solche Progression nothwendig ist zur theilweisen Ausgleichung der durch die in= directen Steuern hervorgerufenen relativ überstarken Belastung der Armen. Halten wir uns an die drei eben vorgeschlagenen Hauptstufen, so könnte etwa die Steuer in der untersten Hauptstufe den Betrag von 1 oder 2 Mark jährlich ausmachen, also jedenfalls unter 1 % des Einkommens bleiben. In der zweiten Hauptstufe könnte die Steuer füglich bis zu 3 % des annähernd geschätzten Einkommens steigen. Was die dritte Stufe oder die eigentliche Einkommensteuer betrifft, so mag es bei günstiger Finanz= lage und gewöhnlichen Verhältnissen genügen, denselben Prozentsatz (3 %)

---

[1] Was diesen Modus anbelangt, so verweise ich auf mein Buch über Ein= kommensteuer. Insofern die hier vorgeschlagenen Klassen gegenüber meinen älteren Vorschlägen eine Neuerung darstellen, bemerke ich, daß ich mir dasjenige, was mir an den inzwischen aufgetretenen neuen Klassensteuergesetzentwurf praktisch erschien, zu Nutze gemacht habe.

wie bei den Höchstbesteuerten in der zweiten Hauptstufe zu nehmen. In Zeiten eines gesteigerten und namentlich außerordentlichen Bedarfs aber muß es möglich sein, den Prozentsatz der eigentlichen Einkommensteuer zu erhöhen und zwar hier wieder in zwei oder 3 Abstufungen, so daß die Personen mit mehr als 4000 und noch einmal die mit mehr als 10,000 Thaler einem gesteigerten Steuerfuß unterworfen werden.

Ich halte es geradezu für die nützlichste und wichtigste Eigenschaft der Personal= und Einkommensteuer, daß man sie mit sicherem finanziellen Erfolg und ohne allzugroße Verwirrung der Production (welche bei plötzlicher Steigerung der Ertragssteuern eintreten würde) erhöhen kann. Sie muß deshalb auch so eingerichtet werden, daß dies möglich ist.

Wir bedürfen also in gewöhnlichen Zeiten eine mäßige Progression nach den 3 Hauptstufen der Steuer, welche aber in Nothzeiten gesteigert werden kann und muß je nach dem derzeitigen Bedürfniß des Staats. Dies ist durchaus kein socialistisches Postulat; denn abgesehen davon, daß die progressive Steuer von strammen Freihändlern für alle Zeiten als die einzig richtige Steuer sehr viel entschiedener gefordert wird, als ich es hier thue, muß man immer bedenken, daß selbst eine sehr starke Progression in der Einkommensteuer immer erst eine Proportionalität in der Gesammtheit der Steuern herstellen würde.

Die Beweglichkeit der Progression in der Einkommensteuer hat ihre politische, finanzielle und sociale Bedeutung.

Die politische Bedeutung liegt darin, daß man, so wie längere ganz regelmäßige Zeiten nicht vorliegen und die Höhe des Staatsbedarfs von Jahr zu Jahr einigermaßen schwankt, resp. steigt, der Prozentsatz, zu dem die eigentliche Einkommensteuer alljährlich erhoben wird, nothwendig jährlich wechseln muß — d. h. wir hätten factisch eine Steuer, deren Ertrag, wenn auch ein bestimmter Minimalbetrag feststände, von alljährlicher Bewilligung des Landtages abhinge.

Dies wäre eine liberale Concession und bekanntlich hat sich die Regierung bisher zur Fixirung des gestatteten Steuerertrags, nicht aber zu dieser, wenn ich mich so ausdrücken soll, Mobilisirung der Steuern herbeigelassen.

Die Neigung unserer Kammern, Steuererhöhungen nicht zu bewilligen, erhöhte Leistungen des Staats aber doch zu verlangen, mag unsere Regierungen mit Recht abgeneigt machen, der Kammer immer wieder neu die Entscheidung zu überlassen, welche Staatseinnahme aus irgend einer Steuer sich ergeben soll. Aber doch läßt sich nicht läugnen, daß die dauernde Ordnung der Finanzen wenigstens eine bewegliche Staatseinnahme braucht, deren Ertrag nur von dem alljährlichen Beschluß der gesetzgebenden Factoren abhängt. Auch glaube ich, daß die Regierung sich leicht zu der erwähnten liberalen Concession entschließen kann, wenn ein bestimmter Minimalsteuerfuß der Einkommensteuer gesetzlich feststeht und nur seine (stufenweisen) Erhöhungen der alljährlichen Bewilligung unterliegen.

Die finanzielle Bedeutung der vorgeschlagenen beweglichen Progression liegt darin, daß man dadurch eine Menge kleiner Staatsschulden und damit das beständige Wachsen der Staatsschuld überhaupt vermeiden kann, während man jetzt aus Mangel an beweglichen Staatseinnahmen bei jeder Steigerung des Staatsbedarfs sofort Schulden machen muß.

Indem ich betreffs der Gefahren wachsender Staatsschulden auf mein Buch verweise, gehe ich sogleich zu der socialen Bedeutung der Frage über, da uns hier die sociale Seite doch in erster Linie interessirt und zur Zeit, wo wir in Deutschland uns in ganz außergewöhnlich blühenden Finanzverhältnissen befinden, Befürchtungen wegen wachsender Staatsschulden ohnedies wenig Eindruck zu machen geeignet sind.

Was die sociale Seite der Sache angeht, so muß ich anknüpfen an das oben gesagte Wort, daß nicht sowohl die Armen zu viel, als die Reichen zu wenig Steuer zahlen. Nun sind aber gründliche Veränderungen in der Vertheilung der Steuerlast immer ein sehr aufregendes und schwieriges Unternehmen; sie werden gewöhnlich nur bei gleichzeitiger Steigerung des Staatsbedarfs durchgesetzt und sind auch, genau genommen, nur in diesem Falle recht am Platze.

Bleibt der Staatsbedarf im Großen und Ganzen unverändert und wird durch ein eingelebtes, seit Langem bestehendes Steuersystem gedeckt, so wird die bestehende Vertheilung der Lasten als gerecht empfunden, weniger in Folge der unbeweisbaren Ueberwälzung, als einfach in Folge der Gewohnheit selbst. Ein a priori feststehendes Princip der Gerechtigkeit für die Vertheilung der Steuerlast giebt es, wie erwähnt nicht, aber eine irgendwo seit Langem bestehende Vertheilung einer im Ganzen nicht überhohen Steuerlast wird als gerecht empfunden, indem jede wirthschaftende Person die ihr unter gewissen Verhältnissen obliegende Steuer vorher kennt und sich darnach richten kann. — Es hat daher das Festhalten am Bestehenden im Steuerwesen eine ganz außerordentliche Berechtigung, und in einem Lande mit im Allgemeinen als erträglich empfundenen Steuern dürfte sich sonach in der Regel nur im Falle der Erhöhung des Staatsbedarfs die passende Gelegenheit dazu ergeben, daß man die Reichen mehr zahlen läßt.

Bei Verminderung des Staatsbedarfs tritt allerdings etwas Aehnliches ein, indem man dann die Steuern der Aermeren verringern, die der Reicheren bestehen lassen d. h. factisch relativ erhöhen kann. — Dieser Fall ist aber ein so seltener, daß es wohl erlaubt ist, nur von den Fällen der Erhöhung des Staatsbedarfs zu sprechen.

Eine Erhöhung der von den unteren Klassen, namentlich den eigentlichen Arbeitern gezahlten Steuern bewirkt in der That eine Verminderung der Genüsse, leicht eine Beschränkung in der Befriedigung unabweislicher Bedürfnisse; stärkere Besteuerung der Reichen dagegen zumeist nur Verminderung des Luxus und Hemmung des Zuwachses des Reichthums. Der hier gestiftete Schaden ist also geringer, vorausgesetzt immer, daß die Steuer=

erhöhung bei einer wirklich mit dem persönlichen Reichthum wachsenden d. h. bei einer Einkommensteuer stattfindet.

So ist es vom Standpunkt des wirthschaftlichen Interesses der Gesammtheit das wenigst Schädliche, wenn bei Steigerung des Staatsbedarfs eine (progressive) Steigerung des Steuerfußes der von den Reicheren gezahlten eigentlichen Einkommensteuer stattfindet.

Dies würde zugleich die ganze sociale Stellung der ärmeren zu den reicheren Ständen wesentlich verbessern, wenn letztere gerade in Nothzeiten die Lasten der Gesammtheit vorzugsweise auf sich nehmen würden. Der bewegliche (progressive) Steuerfuß der Einkommensteuer, der bei Steigerung des Staatsbedarfs seine praktische Bedeutung gewinnt, ist die beste Einrichtung, durch welche die social nothwendige und heilsame höhere Besteuerung der Reichen, und der Grundsatz, daß höherer Besitz höhere Pflichten auferlegt, durchgeführt werden können.

Was schließlich die Frage nach der verschiedenen Behandlung des fundirten und unfundirten Einkommens angeht, so muß ich diese Frage als eine äußerst unwichtige bezeichnen. Daß sie so oft und leidenschaftlich besprochen wird, rührt zumeist von den bekannten Eifersüchteleien zwischen Grundbesitzern und Gewerbetreibenden her. In einem Lande, wo das meiste fundirte Einkommen noch besonders durch hohe Ertragsteuern belastet ist, kann meines Erachtens von einer stärkeren Heranziehung desselben zur Einkommensteuer nicht die Rede sein. Selbst wo Ertragsteuern fehlen, ist das nicht nöthig, weil factisch das besser erkennbare fundirte Einkommen doch höher besteuert wird. Nur eine Klasse von unfundirtem Einkommen ist leicht erkennbar und daher relativ hoch besteuert, nämlich Beamtengehalte. Soweit es sich dabei um Staatsbeamte handelt, hat es aber der Staat in der Hand, den Steuerdruck durch Erhöhung der Gehalte und Pensionen auszugleichen. — Bei Privatbediensteten kann, weil es sich um eine kleine Klasse von Personen handelt, die Ueberwälzung füglich aushelfen. — Jedenfalls kann diese kleine Anzahl Personen nicht zur Einfügung eines besonderen großen Princips in das Steuersystem veranlassen.

Die dritte Frage lautet:

In welcher Weise ist die Durchführung einer dem Gesetze entsprechenden gerechten Einschätzung zu bewirken, ist hiebei namentlich die Selbsteinschätzung zu Grunde zu legen? Durch welche Organe ist diese zu kontrolliren? und wie ist eine in allen Theilen des Staates gleichmäßige Veranlagung sicher zu stellen?

Schon oben habe ich bemerkt, daß die Einschätzung bei denjenigen Personen, bei denen die persönlichen Verhältnisse neben dem Einkommen berücksichtigt werden müssen, nicht wohl anders als durch locale Commissionen besorgt werden kann. Was die Reicheren, welche der eigentlichen Einkommensteuer unterliegen, betrifft, so kann die Feststellung der dieser Steuer zu unterwerfenden Personen überhaupt und des Einkommens derselben insbesondere mit einigermaßen erträglicher Genauigkeit nicht durch solche Commissionen erfolgen. Ich wage es geradezu auszusprechen, daß unsere preußische Einkommensteuer in Summa jedenfalls nicht die Hälfte des Betrages einträgt, den sie nach dem Wortlaut des Gesetzes tragen sollte.

Wenn dies ein durchaus unerträglicher Zustand ist, so ist derselbe doch, so lange die Einkommensteuer nicht die einzige directe Steuer ist, sondern nur neben den Ertragssteuern existirt, schwer zu ändern. Namentlich bin ich ein entschiedener Gegner der Verbesserung der Einkommensteuer durch die Selbsteinschätzung.

Die Selbsteinschätzung wird allerdings etwas höhere Erträge bewirken, die Ungleichheiten der einzelnen Einkommensteuerpflichtigen im Verhältniß zu einander aber höher steigern. Nach den Erfahrungen mit der Selbstangabe bei Schedula D der Englischen Einkommensteuer gestaltet sich die Selbsteinschätzung rein zu einer Prämie auf die Unredlichkeit. Man verbessert die sociale und politische Moral nicht dadurch, daß man Allen etwas zumuthet, was gegenwärtig doch nur von Wenigen erfüllt wird, und Alle gegen einander aufregt. In einem kleinen Gemeinwesen, in dem sich Alle persönlich kennen und die Reicheren insbesondere ein stärkeres Bewußtsein ihres Zusammenhangs mit der Gemeinschaft haben, mag die Selbsteinschätzung vortheilhaft sein. Aber in einem großen Staat, in welchem sich auch Reiche aufhalten ohne jegliche angestammte Liebe zu dem Staate, kann dieselbe keine befriedigenden Resultate haben.

Ich bin sehr begeistert für eine Steigerung der idealen Hingabe an den Staat, aber ich glaube nicht, daß diese durch die Voraussetzung einer zur Zeit noch nicht allgemein existirenden Ehrlichkeit erzielt wird. Wenige Unehrliche genügen, um auch die Ehrlichkeit der Uebrigen ins Schwanken zu bringen, weil diese sich im Vergleich mit Andern nicht selbst benachtheiligen wollen.

Es bleibt nichts Anderes übrig, als entweder unter Beibehaltung der Ertragssteuern bei der Einschätzung durch Commissionen zu bleiben, deren Energie und Gewissenhaftigkeit man nur dadurch steigern kann, daß man in denselben eigene von sonstigen Rücksichten freie Steuerbeamte zu Vorsitzenden macht und sie insgesammt unter die Controle eines eigenen Staatsamts setzt, das auch gemeinsamer Verwaltungsgerichtshof für Steuersachen werden kann. Die sogenannte Repartirung, d. h. die Aussetzung bestimmter Steuersummen für einzelne Theile des Landes, ist bei dem raschen Wechsel der Verhältnisse in unserer Zeit nicht mehr ausführbar.

Oder aber man entschließt sich, die Ertragssteuern abzuschaffen und ganz in der Personal- und Einkommensteuer aufgehen zu lassen. In diesem Falle würde man die Personal- und Einkommensteuer vollständig und streng ausbilden können, während jetzt die Rücksicht auf die ungleichmäßig drückenden Ertragssteuern zur Milde zwingt. Die Abschaffung der Ertragssteuern würde etwa zu einer Verdoppelung des Ertrags der Einkommen=

und Klassensteuer zwingen, da man einen Theil der durch Verjährung zu einer festen Reallast des Bodens gewordenen Grundsteuer als unveränderlichen Bodenzins bestehen lassen und den Communen (Kreisen, Provinzen) zur Befriedigung der neuen ihnen aus Selbstverwaltung erwachsenden Ausgaben übergeben könnte.

Nach Abschaffung der Ertragsteuern in dieser Weise könnte man nach Analogie der Englischen income-tax bei der eigentlichen Einkommensteuer das Einkommen nach seinen Quellen erheben und an seinen Quellen besteuern, und jene von Willkür befreite Objectivität der Steuerbemessung erzielen, welche allein eine höhere Steuer möglich macht. Die Steuer bliebe immer eine Einkommensteuer, trotz des Anschlusses an die Erhebungsform der Ertragsteuern, in Folge der Rücksicht auf die Schulden des Steuerzahlers resp. des gestatteten Steuerabzuges an den gezahlten Schuldzinsen.

Betreffs des Näheren muß ich auf meine Ausführungen in dem Buche über Einkommensteuer verweisen. Diese Reform ist freilich eine sehr durchgreifende und schwer durchzuführende und sie mit dem geforderten „beweglichen progressiven Steuerfuß" zu vereinigen bereitet besondere Schwierigkeiten. Als Uebergang und als zunächst anzustrebende Reform würde sich daher vielleicht die Verschärfung der Einkommensteuer in der oben angegebenen Weise empfehlen, während die Ertragsteuern noch bestehen bleiben, aber ihrerseits nicht mehr erhöht werden. Ich glaube aber, daß man, für die Zukunft wenigstens, die eben angedeutete weitere Reform im Auge behalten muß, da die Einkommensteuer dann, zu größerer Wichtigkeit gelangend, ihre socialen Aufgaben in viel höherem Maße erfüllen würde.

Zum Schlusse die Bemerkung, daß der Steuerfuß in der untersten Klasse (der Personalsteuer für Personen bis 200 Thlr. Einkommen) bei Abschaffung der Ertragsteuern nicht erhöht zu werden brauchte, wohl aber einigermaßen in der zweiten Hauptstufe (für die Personen bis 1200 Thlr.), was nach Abschaffung der Grund- und Gewerbesteuer keine Vermehrung der Gesammtlast ausmachen würde. Natürlich würde nach Abschaffung der Ertragsteuern die in den 3 Hauptstufen unserer Personal- und Einkommensteuer durchgeführte Progression in weit höherem Maße die Lasten auf die Reicheren schieben und die in den indirecten Steuern liegende umgekehrte Progression ausgleichen.

Die letzte zu beantwortende Frage lautet:

Welche indirecten Steuern müssen und können einer solchen schärferen Heranziehung der persönlichen Leistungsfähigkeit der Bürger gegenüber und in Anbetracht ihrer wirthschaftlichen Schädlichkeit unbedingt gleichzeitig aufgehoben werden?

Reformen der indirecten Steuern in Verbindung mit Reformen der directen haben bei uns ihre besondere Schwierigkeit, weil erstere vornehmlich dem Reiche, letztere den Einzelstaaten angehören und auf ersteren die finanzielle Selbstständigkeit des Reiches beruht.

Der Ertrag der indirecten Steuern im Verhältniß zu den directen ist auch bei uns lange nicht so hoch wie in Frankreich und England.

Ich glaube daher, daß es politisch verfehlt und social nicht nöthig ist, bei uns auf Verminderung des Gesammtbetrages der indirecten Steuern bedacht zu sein, welche um die Besteuerung der Massen des Volkes durchzuführen und die Kosten der Staatsverwaltung zu decken, zur Zeit unentbehrlich sind. Manche einzelne indirecten Steuern sind allerdings schädlich; indessen hängt theilweise die Frage nach ihrer Abschaffung oder Beibehaltung mit der Schutzzollfrage zusammen (Eisenzölle), daher über sie nicht kurzweg nach socialen Rücksichten abgeurtheilt werden kann. Unbedingt zur Abschaffung reif sind nur die rein als Kopfsteuern wirkenden Mahl- und Schlachtsteuer und die Salzsteuer, während die übrigen (Bier-, Branntwein-, Zuckersteuer ꝛc.) doch einigermaßen nach der Leistungsfähigkeit steigen und daher als die Hauptsteuern der in die zweite Hauptklasse unserer Personal- und Einkommensteuer gehörigen Personen, die mit directer Steuer immer noch geschont werden, betrachtet werden können.

Daß die Mahl- und Schlachtsteuer, welche nur ein exceptioneller Ersatz der directen Steuer ist, durch letztere ersetzt werden muß — wenn auch ein unter unseren gegenwärtigen blühenden Finanzverhältnissen erträglicher Einnahme-Ausfall entsteht — ist selbstverständlich. Die dem Reiche angehörige Salzsteuer muß aber durch eine andere indirecte Consumtionssteuer ersetzt werden; z. B. durch Tabakssteuer oder durch Erhöhung des Caffee- und Zuckerzolls ꝛc., dies ist nothwendig aus verschiedenen Gründen: vor Allem deshalb, weil aus politischen Gründen nur eine gleich viel eintragende Reichssteuer der Ersatz sein kann, und eine directe Reichssteuer bei der Ungleichartigkeit des directen Steuersystems in den Einzelstaaten ihre großen Schwierigkeiten hätte. Wir könnten als directe Reichssteuer nur eine Personal- und Einkommensteuer empfehlen, und wie bei der Zusammensetzung der verschiedenen Gesetzgebungsfactoren die Aussichten auf Durchbringung einer Reform heute stehen, ist es offenbar aussichtsvoller, die Reform des directen Steuersystems den Einzelstaaten (speciell Preußen und Sachsen) selbstständig zu überlassen; diese Reform würde durch eine Reichs-Einkommensteuer entschieden erschwert, weil dann die Personallasten zu hoch gesteigert werden müßten. Jede Reichsertragssteuer (z. B. Reichsgewerbesteuer) würde aber die endliche Abschaffung der Ertragssteuern überhaupt erschweren.

Daher glaube ich es als Grundsatz hinstellen zu dürfen:

Ersetzung der mißliebigen indirecten Steuern durch andere minder schädliche indirecte Steuern, aber keine Verminderung des Gesammtertrags der letzteren (mit Ausnahme der Mahl- und Schlachtsteuer).

Wenn gleichzeitig das directe Steuersystem in der angedeuteten Weise d. h. so reformirt wird, daß eine progressive Personal- und Einkommensteuer immer mehr überwiegt und schließlich allein herrscht — so würde damit eine große sociale Reform erreicht sein, welche genügt und unter unseren Verhältnissen möglich ist, während die Abschaffung der indirecten Steuern nur denkbar wäre bei praktisch unmöglicher Verminderung der Staatsausgaben.

Wir hätten dann in Deutschen Staaten etwa folgenden Zustand:

Abgesehen von Gebühren und Domainen-Einkünften würde etwa die Hälfte der Staats- und Reichsausgaben durch indirecte Steuern gedeckt, welche so vertheilt sind, daß die Mittelklassen in absoluter Summe pro Kopf etwas mehr zahlen als die Aermsten, die Reichen im Verhältniß zu ihrem Einkommen aber weniger zahlen als die Aermeren.

Hierdurch würde für die öffentlichen Bedürfnisse eine sichere Einnahme erzielt, deren Erhebung den Einzelnen nicht sehr fühlbar ist. Das dadurch entstehende Mißverhältniß in Bezug auf die Ueberlastung der Aermeren könnte aber ausgeglichen werden, wenn etwa ebenso viel wie durch indirecte Steuern durch eine allen selbstständigen Unterthanen auferlegte und dadurch Allen das Bewußtsein der Steuerpflicht beibringende

Personal- und Einkommensteuer

aufgebracht würde; diese müßte in die 3 erwähnten Hauptstufen zerfallen, welche man

Personal-,
Klassen-,
und Einkommensteuer

nennen könnte. Sie müßte nothwendig progressiv sein und zwar müßte sich die Höhe der Progression nach dem jeweiligen Bedürfnisse des Staates richten, sodaß schon jetzt eine Ausgleichung der durch die indirecten Steuern bewirkten Belastung erzielt, namentlich aber in Zukunft der wachsende Staatsbedarf auf die Schultern der Reichen gewälzt würde.

Die Ausbildung und Verschärfung der Personal- und Einkommensteuer und das Hinsteuern auf das Ziel der Abschaffung der Ertragssteuern — kurz eine selbstständige Reform der directen Steuern, halte ich nicht nur für eine verhältnißmäßig leichter und einfacher zu lösende, sondern auch für eine wichtigere Aufgabe, als die Abschaffung indirecter Steuern, ohne Ersatz, die wenn das Erste geschieht, z. Z. kein Bedürfniß ist. Die Reformen der indirecten (Reichs-)Steuern, welche weit weniger wichtig sind, können ebenfalls selbstständig und ohne Verminderung ihres Gesammtertrags vorgenommen werden, und mag es einen guten Eindruck in socialer Hinsicht machen, wenn man etwa die Salzsteuer theilweise durch eine Börsensteuer ersetzt. Die Hauptsache aber bleibt die Ausbildung der Einkommensteuern durch die Einzelstaaten, Preußen an der Spitze. Reich und Einzelstaaten können, im Gebiet der Steuerpolitik selbstständig handelnd, an der Erreichung eines gemeinsamen socialen Zieles arbeiten.

Da in Steuersachen plötzliche starke Umwälzungen, wie erwähnt, nicht am Platze sind, so würde sich für die nächste Zeit das Betreiben folgender Reformen empfehlen:

1) Verschärfung der eigentlichen Einkommensteuer unter vorläufiger Beibehaltung der Grundzüge der bisherigen Erhebungsweise.

2) Erleichterung der Klassensteuer in der untersten Stufe durch Verwandlung derselben in eine nicht mit Strenge exequirte Personalsteuer — was besser wäre als die jetzt allerdings bereits ziemlich feststehende Abschaffung der untersten Stufe der Klassensteuer.

3) Mobilisirung des Steuerfußes in der Einkommen- und dann auch Klassensteuer, unter Feststellung eines Minimalsteuerfußes, der nur unter Einwilligung aller Gesetzgebungsfactoren herabgesetzt werden könnte.

4) Ueberweisung eines fixirten Betrags der Grund- und Gebäudesteuer an die corporativen Träger der Selbstverwaltung.

Durch diese Reformen würde die Grundlage für eine künftige Abschaffung der Ertragssteuern bei passender Gelegenheit, gewonnen sein.

Bonn im März 1873.

III.

Wie ist unsere bestehende directe Personalbesteuerung im Sinne der Gerechtigkeit und einer richtigen Würdigung der wirthschaftlichen Interessen am zweckmäßigsten zu reformiren?

Gutachten von Dr. Gensel,
Secretär der Handelskammer zu Leipzig.

Bevor ich auf die einzelnen Fragen eingehe, muß ich einige Bemerkungen über die Fassung und die Begrenzung des Themas vorausschicken.

Die Frage geht auf die Reform „unserer bestehenden directen Personalbesteuerung". So sehr ich nun davon durchdrungen bin, daß jede Steuerreform an das Bestehende anknüpfen muß, so wird doch eben durch dieses Anerkenntniß — bei der großen Verschiedenheit der in Deutschland bestehenden Steuerverfassungen — eine allgemeingiltige Beantwortung mehr oder weniger ausgeschlossen. Ich glaube aber von meinem Standpunkte aus dem vorliegenden Zwecke am besten zu dienen, wenn ich mich vorzugsweise an die mir zunächst bekannten Verhältnisse des Königreichs Sachsen halte, natürlich ohne irgendwie in Details eingehen zu wollen; ich thue dies um so unbedenklicher, als die sächsische Steuergesetzgebung, während sie nach ihrer im dritten und vierten Jahrzehend unseres Jahrhunderts durchgeführten Reform eines hohen Ansehens genoß, in den letzten Jahren ein Gegenstand erregter parlamentarischer Kämpfe geworden ist und dadurch in weiteren Kreisen die Aufmerksamkeit auf sich gelenkt hat.

Die Frage bezieht sich — und das ist meine zweite Bemerkung — nur auf die directe Personalbesteuerung, für welche das Einkommensteuerprincip, vorbehältlich gewisser Einschränkungen, als das richtigste vorausgesetzt zu werden scheint. Was aber in Sachsen die heftigsten Kämpfe verursacht hat und voraussichtlich noch verursachen wird, das ist die Frage, ob neben der Einkommensteuer noch eine Grundsteuer beizubehalten sei. Diese Frage liegt bei uns anders als z. B. in Preußen, insofern das

Einkommen aus Grundbesitz bisher lediglich der Grundsteuer unterworfen gewesen ist, und zwar einer von vorn herein verhältnißmäßig hohen Grundsteuer. Nichtsdestoweniger wird auch in anderen Staaten die Agitation für Beseitigung der Grundsteuer nicht ausbleiben, und gerade die Worte „Gerechtigkeit" und „richtige Würdigung der wirthschaftlichen Interessen" sind es, welche ihr als Aushängeschild dienen, während in Wahrheit die Würdigung der wirthschaftlichen Interessen vor allen Dingen schroffe Sprünge in der Steuergesetzgebung verbietet. Auf diesen Gegenstand einzugehen, läßt jedoch die Fragstellung nicht zu. Ich habe drittens vorauszusetzen, daß hier nur von Staatssteuern die Rede ist. Wenigstens würde die Anwendung der für diese zu gewinnenden Principien auf die Besteuerung innerhalb der Gemeinden und Kreise Gegenstand besonderer Erörterung sein müssen, für welche es an Raum gebricht.

1) „Ist insbesondere das Einkommensteuerprincip streng auf alle Classen der Gesellschaft anwendbar, oder sind ganze Gesellschaftsschichten von dieser, wie der directen Besteuerung überhaupt, freizulassen? und bis zu welcher Grenze ist bei der Einschätzung zur Einkommensteuer noch die besondere wirthschaftliche Leistungsfähigkeit neben dem Einkommen zu berücksichtigen?"

Eine theoretische Begründung der Steuerpflicht würde über den Rahmen der Aufgabe hinausgreifen. Nur ganz kurz will ich erwähnen, daß es mir ebenso wenig theoretisch haltbar wie praktisch durchführbar erscheint, wenn man die Steuerpflicht nach den Vortheilen bemessen will, welche der Einzelne von der staatlichen Gemeinschaft empfängt. Denn die hauptsächlichen Leistungen der Staatsgewalt dienen der Gesammtheit als solcher in ihrem dauernden Bestande, nicht dem einzelnen Staatsbürger, und die Vortheile, welche der Einzelne durch seine Zugehörigkeit zum Staate genießt, sind — zum Theil im Gegensatz zu den Leistungen der Gemeinde mit ihrem mehr wirthschaftlichen Charakter — so völlig unschätzbar, daß der Grundsatz von Leistung und Gegenleistung einen greifbaren Maßstab für die Bemessung der Steuer schlechterdings nicht zu bieten vermag. Die politische Gemeinschaft bedingt Tragung der Lasten als gemeinsamer und die Vertheilung kann nur durch das Maß der individuellen Tragfähigkeit bestimmt werden.

Nun ist man sehr geneigt, als Maßstab der Leistungsfähigkeit ohne Weiteres das Einkommen zu setzen. Abgesehen jedoch von der dabei als offen behandelten Frage, ob jene mit diesem in gleichem oder in einem progressiven Verhältnisse wachse, behält man sich auch vor, „fundirtes" Einkommen anders zu behandeln als nicht fundirtes.

Der letztere Umstand muß wohl einige Zweifel an der Sicherheit des empfohlenen Maßstabes selbst wach rufen. Wenn ich zwei Körper hinsichtlich ihrer Länge mit einander vergleichen will, so kann doch offenbar darauf, ob der eine dicker ist als der andere, nichts ankommen; ebenso wird in die Besteuerung nach dem Einkommen etwas Fremdes hineingetragen, sobald man dasselbe nach seinen Quellen unterscheidet.

Gleichwohl liegt der Forderung, dasjenige Einkommen, welches aus dauerndem Vermögen herrührt und sich immer gleich bleibt oder wohl gar wächst, höher zu besteuern, als Einkommen, dessen Quelle nur die Arbeitskraft ist und welches daher spätestens mit dem Tode des Inhabers zu Ende geht, eine unverkennbare Billigkeit zu Grunde. Wenn es auch wahr ist, daß ein Einkommen, das nur zehn Jahre dauert, auch nur zehn Jahre lang die Steuer entrichtet, ein immerwährendes Einkommen dagegen auch immerwährend beizutragen hat, so muß doch derjenige, der auf seine Arbeitskraft angewiesen ist, in ganz anderer Weise für sein Alter und für seine Nachkommen sorgen, als der Rentier, der sein Einkommen ungeschmälert vererbt. Von diesem Gesichtspunkte aus verlangt J. St. Mill, an dessen Namen in England die Agitation für eine solche Unterscheidung bei der Einkommensteuer angeknüpft hat, daß demjenigen, der für sein Alter oder für seine Angehörigen nur durch Ersparniß von seinem Einkommen sorgen könne, die Steuer erlassen werde für den Theil seines Einkommens, welchen er wirklich und in gutem Glauben für diesen Zweck anwende. Da man dies aber nicht controliren, überhaupt die Verhältnisse jedes einzelnen Falles unmöglich berücksichtigen könne, so bleibe nichts Anderes übrig, als einen Durchschnitt zu ziehen; man werde sich begnügen müssen mit einem gleichmäßigen Steuersatze für alles vererbliche Eigenthum und einem anderen Satze für alle Arten des Einkommens, welche nothwendig mit dem Tode des Individuums aufhören. Mill will zu Gunsten der letzteren ein Viertel abziehen — Andere sind, von ganz ähnlichen Erwägungen ausgehend, zu ganz anderen, unter sich wieder sehr verschiedenen Vorschlägen gelangt.

Der Grund dieser Verschiedenheiten ist einleuchtend: es fehlt eben an jedem sicheren Maßstabe. Schon innerhalb einer einzelnen Berufsclasse ist die Vermählung zwischen Capital und Arbeitskraft so mannigfaltig, daß selbst bei den weitgehendsten Unterscheidungen sehr große Ungleichheiten nicht zu vermeiden sind, und daß man sich schließlich mit Gladstone zu dem Bekenntniß genöthigt sieht, die Aufgabe, das Verhältniß von Arbeit und Talent zum Besitz in seinen unzähligen Formen zu messen und in Zahlen auszudrücken, gehe über menschliche Kräfte hinaus. In der That ist meines Wissens noch nirgends eine derartige Unterscheidung in der Praxis durchgeführt, so oft man auch versucht hat, den Weg dazu zu finden.

Ich meinerseits kann, wie gesagt, in diesen Versuchen nur das Eingeständniß erblicken, daß das Einkommen als solches doch nicht der untrügliche Maßstab für die Steuerkraft ist, für den es so oft ausgegeben wird. Und ich möchte glauben, daß man, sobald die Einkommensteuer ein gewisses Maß erreicht hat, sich genöthigt sehen wird, sie mit einer Vermögenssteuer zu combiniren.

Die Vermögenssteuer ist zur Zeit in Deutschland wenig beliebt, bei Vielen geradezu verpönt. Die Vermögenssteuer, sagt man, trifft das Capital, folglich schädigt sie die Volkswirthschaft. Dieses Urtheil ist in solcher Allgemeinheit sehr oberflächlich. So lange die Vermögenssteue den Zinsfuß, wie er etwa auf Spareinlagen gewährt wird, nicht erreicht, wird sie mit verschwindenden Ausnahmen gerade so gut aus dem Einkommen und nicht aus dem Capitalvermögen bezahlt wie die Einkommensteuer; schon eine Vermögensteuer von 1% wäre aber nach unseren Begriffen exorbitant hoch, sie würde — einen landesüblichen Zinsfuß von 5% vorausgesetzt — einer Einkommensteuer von 20% entsprechen. Der Unterschied ist der, daß, wer aus geringem Capital mit viel Arbeit eine vergleichsweise hohe Rente erzielt, nach dem Princip der Einkommensteuer ebenso viel zu zahlen hat, wie derjenige, dessen gleich hohes Einkommen eine niedrige Rente von einem großen, sicher und bequem angelegten Capital repräsentirt — nach dem Principe der Einkommensteuer aber den beiderseitigen Vermögensverhältnissen entsprechend weniger. Die reine Arbeitsrente wird von der Vermögensteuer allerdings gar nicht getroffen.

In den Vereinigten Staaten, wo man mit Vermögenssteuern enorme Ergebnisse erzielt hat, wird jetzt dahin agitirt, die Staatssteuer auf persönliches Vermögen (personal estate, im Gegensatz zu real estate) überhaupt abzuschaffen und nur visible property der Besteuerung zu unterwerfen. Das wäre, auf die deutschen Staaten angewandt, eine vollständige Umwälzung unserer Steuerverhältnisse, und ich denke nicht daran, sie zu empfehlen. Wohl aber wird man bei höherem Bedarf die Verbindung einer Vermögensteuer mit einer Einkommensteuer im Auge behalten müssen.

Eine so combinirte Steuer würde sich dem so äußerst mannigfaltigen und wechselnden Verhältnisse zwischen Arbeit und Capital ohne jede weitere Berechnung vollkommen natürlich und von selbst anschließen. Nehmen wir beispielsweise fünf Steuerpflichtige, von denen jeder 2000 Thlr. Einkommen bezieht, während ihr Vermögen sehr verschieden ist. A. sei ein Rentier mit einem Vermögen von 30,000 Thlrn., bei dessen Anlegung er auf die größtmögliche Sicherheit bedacht gewesen ist, B. der Besitzer eines schuldenfreien Gutes im Werthe von 30,000 Thlrn., das er selbst bewirthschaftet, C. ein Kaufmann mit 20,000 Thlrn. Betriebscapital, D. ein Arzt, welcher sich mit seiner Praxis nach und nach 10,000 Thlr. Vermögen erübrigt hat, E. ein Beamter, der werbendes Vermögen nicht besitzt. Eine Einkommensteuer, die auf die Quellen des Einkommens keine Rücksicht nimmt, würde alle fünf mit dem gleichen Satze treffen. Wollte sie zwischen fundirtem und nicht fundirtem Einkommen unterscheiden, so möchte die Grenze schwer zu finden sein. Denken wir uns aber eine Steuer, die etwa aus einer Einkommensteuer von 2% und einer Vermögensteuer von 1 pro Mille zusammengesetzt wäre, so würde die Besteuerung sich wie folgt gestalten:

	Einkommen:	Vermögen:	Einkommensteuer:	Vermögensteuer:	Gesammtsteuer:
A.	2000	50,000	40	50	90
B.	2000	30,000	40	30	70
C.	2000	20,000	40	20	60
D.	2000	10,000	40	10	50
E.	2000	—	40	—	40

Die Schwierigkeit, daß neben dem Einkommen auch noch das Vermögen declarirt werden müßte, unterschätze ich nicht. Auch bleiben noch viele andere Punkte der Erörterung vorbehalten. Es kam mir hier nur darauf an, dem Zweifel Ausdruck zu geben, ob wirklich in der Einkommensteuer das alleinige Heil zu suchen sei.

Wie z. B. in Sachsen die Dinge liegen, würde — vorausgesetzt daß ein Theil der Grundsteuer erhalten bleibt — mit der Einkommensteuer allein wohl auszukommen sein. Schlage ich den beizubehaltenden Theil der Grundsteuer auf 550,000 Thlr., d. h. $^1/_3$ des jetzigen Ertrages an, so bliebe durch eine directe persönliche Steuer noch etwa 1 Thlr. auf den Kopf der Bevölkerung zu decken; so viel läßt sich der reinen Einkommensteuer wohl unbedenklich aufbürden. Ohnehin hat der „Gewerbe- und Personalsteuer" von vorn herein der Gedanke der Besteuerung des reinen Einkommens zu Grunde gelegen; die Motive des Gesetzes von 1834, aus der Anfangszeit des sächsischen Verfassungslebens, sind in dieser Beziehung höchst interessant: „von der Besteuerung nach dem Maßstabe des Erwerbs wird auf der einen Seite verlangt, daß der Betrag der Steuer so genau als möglich dem wirklichen reinen Einkommen jedes steuerbaren Individuums entspreche, auf der anderen Seite, daß alle Maßregeln vermieden werden, welche ein weiteres Eindringen in die Vermögens- und sonstigen persönlichen Verhältnisse voraussetzen. Beide Anforderungen stehen sich gegenüber; je mehr man sich der einen nähert, um so mehr wird man sich von der anderen entfernen müssen". „In diesem Conflicte", fährt die Vorlage fort, „kann nur der praktische Gesichtspunkt der entscheidende sein, und die alsdann unvermeidlichen, aus dem theoretischen Gesichtspunkte nicht abzuleugnenden Inconsequenzen und Mängel der Gesetzgebung müssen darin ihre Entschuldigung finden, daß ihre Beseitigung nur durch größere Beschwerden zu erkaufen gewesen wäre". Von diesem Gesichtspunkte aus wurde „die genaue Ausmittelung des individuellen Erwerbs dadurch vermieden, daß die Höhe des Steuersatzes entweder von äußerlich wahrnehmbaren Verhältnissen, welche auf den mehreren oder minderen Ertrag schließen lassen, abhängig gemacht, oder dessen Bestimmung der Abschätzung unter Zuziehung von Personen, welche der zu berücksichtigenden Orts- und Individualverhältnisse kundig sind, überlassen" wurde. Schon damals verwies man übrigens auf die Erfahrung, welche die für den Anfang unerläßliche Vorsicht vielleicht mit der Zeit werde entbehrlicher erscheinen lassen. Für Sachsen bedeutet also in der That die Verwandlung der Gewerbe- und Personalsteuer in eine reine Einkommensteuer nur ein Fortschreiten auf der betretenen Bahn; und wenn man, angesichts der wachsenden Beweglichkeit in den Verhältnissen des Grundbesitzes, auch einen Theil der Grundsteuer in eine Einkommensteuer verwandelt, in dem anderen Theile aber ein der Vermögenssteuer nahekommendes Element beibehält, so wird sich gegen einen derartigen Vorschlag ein begründeter Einwand kaum erheben lassen.

So viel über das Wort „Einkommensteuerprincip".

Der erste Theil der Frage geht nun dahin, ob dieses Princip streng auf alle Classen der Gesellschaft anzuwenden, oder ob ganze Gesellschaftsschichten von der Einkommensteuer, wie von der directen Besteuerung überhaupt, auszuschließen seien. Meines Erachtens liegt die richtige Antwort in der Mitte.

Eine strenge, d. h. durchaus consequente Anwendung des Princips auf die niederen Schichten der Bevölkerung würde auch in anderem Sinne streng, d. h. hart wirken. „Die mit der Einkommensteuer ihrem Wesen nach verbundene Härte, daß sie den nothwendigen Aufwand der Pflichtigen nicht berücksichtigt, tritt der Natur der Sache nach in dem Maße fühlbarer hervor, als das Einkommen im Ganzen geringer und bis zu einer höheren Quote durch die für das gewöhnliche Leben zu bestreitenden Ausgaben in Anspruch genommen ist" (aus den Motiven der preuß. Vorlage vom 4. November 1872). Daher empfiehlt sich das Princip der Classensteuer: Mitberücksichtigung besonderer, auf die Leistungsfähigkeit einwirkender wirthschaftlicher Verhältnisse der Steuerpflichtigen, wie namentlich der Sorge für eine zahlreiche Familie. Zugleich wird die Abstufung nach festen Sätzen durch die große Zahl der verhältnißmäßig geringen Beiträge bedingt; ohne sie würde eine rasche Erledigung des Abschätzungsgeschäfts unmöglich werden

Auf der anderen Seite kann ich völlige Befreiung der wenig bemittelten Gesellschaftsschichten von der directen Steuer über die Grenze des thatsächlichen Unvermögens herauf, das immerhin mild beurtheilt werden mag, nicht für gerechtfertigt halten; ich habe mich über diese sehr bestrittene Frage neulich im „Arbeiterfreund" (IX. Jahrg. 1. Heft, S. 65 ff.) ausgesprochen und bitte um die Erlaubniß, mich darauf zu beziehen.

Es erübrigt der zweite Theil der Frage, bis zu welcher Grenze (nach oben hin) die besonderen Verhältnisse, welche die Leistungsfähigkeit beeinflussen, berücksichtigt werden sollen. Das Kriterium dafür ist in den Motiven der jüngsten preußischen Steuergesetzvorlage vollkommen zutreffend angegeben: soweit das Einkommen ausschließlich oder doch überwiegend nur zur Befriedigung der Bedürfnisse des täglichen Lebens dient. Diese Grenze ist freilich nur relativ und nach den individuellen Verhältnissen wechselnd, so daß dem Gesetzgeber nur der Ausweg bleibt, den er ja auch sonst häufig genug betreten muß: unter Berücksichtigung des Culturstandes seines Staates einen Durchschnitt zu ziehen. In Preußen z. B. hört die Classensteuer erst bei einem Einkommen von 1000 Thlrn. auf, im Herzogthum Altenburg hat man nach sorgfältigen Erörterungen die Grenze mit 500 Thlrn. nicht zu niedrig zu greifen geglaubt; auch so umfaßt die Classensteuer über 90% der Bevölkerung. Das sind Vorgänge, welche der praktische Finanzpolitiker zum Anhalte nehmen kann.

Ich würde hiernach die Antwort zu Punkt 1 so formuliren:

Die Einkommensteuer, welche jedoch, wenigstens bei höherem Staatsbedarfe, mit Elementen einer Vermögenssteuer verbunden werden sollte, um die Capitalrente höher zu treffen, als die Arbeitsrente, ist auf den unteren Stufen durch das Princip der Classensteuer zu modificiren, welches, bei Ab=

stufung der Beiträge nach festen Sätzen, Berücksichtigung der auf die Leistungsfähigkeit einwirkenden individuellen Verhältnisse gestattet; und zwar hat die Classensteuer, nach einem allgemeinen Durchschnitte, diejenigen Stufen zu umfassen, auf welchen das Einkommen überwiegend nur zur Befriedigung der täglichen Bedürfnisse verwandt wird. Gänzliche Befreiung von der directen Steuer ist dagegen nur in den Fällen thatsächlichen Unvermögens gerechtfertigt.

2) „Soll die Steuer eine progressive sein, in welchen Abstufungen und bis zu welcher Grenze hat dann die Steigerung stattzufinden? und ist hierbei ein Unterschied zwischen fundirtem und nicht fundirtem Einkommen zu machen?"

Die Frage der Berechtigung der Progression ist bekanntlich eine sehr bestrittene. Bei Erörterung derselben für den praktischen Zweck der Steuerreform in Sachsen (wo eine Progression für einzelne Abtheilungen der Gewerbe= und Personalsteuer, namentlich für die Renten= und die Gehaltssteuer, bereits bestand) bin ich im Wesentlichen zu folgenden Ergebnissen gelangt, denen ich nur die Bemerkung noch vorausschicken will, daß bei dieser Frage, namentlich was die Höhe und die Grenze der Progression anlangt, die gegebenen Verhältnisse besonders zu berücksichtigen sind.

a) Eine steigende Scala ist nothwendig, um eine gleichmäßige Belastung der Steuerpflichtigen herbeizuführen; denn ein reines Einkommen, welches zur Bestreitung des niedrigsten Maßes der Bedürfnisse menschenwürdigen Daseins knapp hinreicht, wird durch ein procentweise gleiches Opfer härter betroffen, als ein reines Einkommen, womit man diese Bedürfnisse, so weit sie auch innerhalb der Grenzen des Vernünftigen und sittlich Gerechtfertigten ausgedehnt werden, reichlich befriedigen kann, oder welches sogar dann noch einen Ueberschuß läßt.

b) Die Progression ist um so nothwendiger, wenn, wie es bei uns der Fall, die niederen Classen der Bevölkerung durch die indirecten Steuern ungleich stärker belastet werden, als die höheren. Der Abzug eines sogenannten Existenzminimums von jedem Einkommen ist weder an sich zweckmäßig, noch zur Ausgleichung dieses Unterschiedes hinreichend.

c) Die obere Grenze der steigenden Scala ist bei derjenigen Höhe des Einkommens zu suchen, von welcher ab, nach einem im Großen und Ganzen zu fassenden Durchschnitte, der überschießende Betrag nur entweder zu Ueberflüssigem verwendet oder regelmäßig capitalisirt wird; denn von da ab belastet die höheren Stufen ein gleicher Procentsatz gleich stark oder gleich wenig.

d) Für das Maß der Progression ist festzuhalten, daß sie einerseits den niederen Classen, gegenüber den höheren, eine wirkliche Erleichterung gewähren soll — andererseits, daß sie bei den letzteren die Neigung zum Sparen und Capitalisiren nicht unterbinden und nicht durch übermäßigen Druck zur Hinterziehung reizen darf.

e) Für die specielle Stufenleiter sind vorzugsweise zwei Gesichts=

punkte im Auge zu behalten: Vermeidung schroffer Uebergänge und möglichste Einfachheit.

Bei den Berathungen der Deputation der sächsischen zweiten Kammer, welche letztere sich gleich der ersten Kammer im Princip für Progression entschied) hat namentlich das in Hamburg geltende System Anklang gefunden, wonach der nächstfolgende höhere Satz immer nur auf den überschießenden Theil des höheren Einkommens angewendet wird — ein System, welches schroffe Sprünge am besten vermeidet und mittels eines übersichtlichen Tarifs leicht für den Gebrauch handlich gemacht werden kann.

Die Schlußfrage, ob bei der Progression ein Unterschied zwischen fundirtem und nicht fundirtem Einkommen zu machen sei, scheint vorauszusetzen, daß im Steuersatze an sich ein solcher Unterschied gemacht werde; wenigstens würde sonst ein Princip schwer zu erkennen sein. Da ich nun nach dem zu 1. Gesagten die Eintheilung in fundirtes und nicht fundirtes Einkommen für praktisch unzureichend erachte, vielmehr, wenn man überhaupt unterscheiden will, die Verbindung der Einkommensteuer mit einer Vermögensteuer für den einzigen zum Ziele führenden Weg halte, so erledigt sich für mich dieser Theil der Frage von selbst; und ich will nur hinzufügen, daß die Progression auf die Vermögensteuer wohl kaum ausgedehnt zu werden braucht.

Die Progression ist das einzige Mittel, um die Wohlhabenderen gemäß ihrer höheren Leistungsfähigkeit, welche nicht im blos arithmetischen Verhältnisse zur Höhe des Einkommens wächst, zu den Staatslasten herbeizuziehen. Sie darf jedoch nur bis zu derjenigen Höhe des Einkommens ausgedehnt werden, von welcher ab, durchschnittlich genommen, die überschießenden Beträge zu Ueberflüssigem verwendet oder regelmäßig capitalisirt zu werden pflegen, und nicht ein solches Maß erreichen, welches die Neigung zum Capitalisiren zu unterbinden droht.

3) „In welcher Weise ist die Durchführung einer dem Gesetze entsprechenden gerechten Einschätzung zu bewirken, ist hierbei namentlich die Selbsteinschätzung zu Grunde zu legen? durch welche Organe ist diese zu controliren? und wie ist eine in allen Theilen des Staates gleichmäßige Veranlagung sicher zu stellen?"

Die Vorwürfe, welche gegen die Einkommensteuer erhoben werden, pflegen sich vorzugsweise gegen das Princip der Selbsteinschätzung zu richten, und namentlich gilt dies von der Agitation, welche sich in England gegen die income tax erhoben hat. Man bezeichnet dieses Princip geradezu als Prämiirung der Unredlichkeit.

Daß Selbsteinschätzung nicht schlechthin nothwendig mit der Einkommensteuer verbunden ist, beweist u. A. das Beispiel von Preußen und Altenburg. Gleichwohl halte ich Selbsteinschätzung für das der Bürger eines freien Staates allein würdige Princip und für praktisch um so unentbehrlicher, je mehr die Erwerbsverhältnisse sich compliciren. In Preußen

wird man zuverläſſig binnen Kurzem auf dieſen Gedanken zurückkom=
men, welcher in der nachmals aus äußeren Gründen zurückgezogenen Vor=
lage von 1869 treffend ausgeführt war. Wenn irgend einer, ſo darf der
preußiſche Staat bei ſeinen Bürgern die Reife des politiſchen Bewußtſeins
vorausſetzen, welche die Selbſteinſchätzung erheiſcht. Wo aber einmal dieſe
Vorbedingung gegeben iſt, da bildet die Selbſteinſchätzung wiederum einen
kräftigen Hebel der politiſchen Erziehung.

Nur darf man die Selbſteinſchätzung nicht künſtlich erſchweren, und
muß bei deren Einführung pädagogiſch zu Werke gehen. Für eine künſtliche
Erſchwerung muß ich es z. B. erachten, wenn man in England Specifici=
rung der zuläſſigen Abzüge verlangt, welche, vom Brutto=Einkommen ſub=
trahirt, das Reineinkommen übrig laſſen. Unklug würde es ferner ſein,
das Princip ſofort auf alle Schichten der Bevölkerung anwenden zu wol=
len; von denjenigen, welche in Altenburg der Claſſenſteuer zugewieſen ſind,
alſo bis zu 500 Thlr. Einkommen, iſt die Mehrzahl wirklich außer
Stande, das wirthſchaftliche Ergebniß ihrer Thätigkeit zur Ziffer zu
bringen. Auch den beſſer ſituirten Claſſen gegenüber ſollte man ſich zu=
nächſt mehr an die guten als an die ſchlechten Eigenſchaften wenden und
nicht ſowohl durch die Furcht als durch das Ehrgefühl zu wirken ſuchen;
Hinterziehungen unnachſichtlich beſtrafen, aber nicht an jeder Declaration
kleinlich mäkeln und nicht überall Täuſchung wittern. Wenn auch die
Hamburger Verhältniſſe exceptionelle ſind, ſo verdient doch immerhin der
Umſtand, daß dort bei rein facultativer Selbſteinſchätzung von vorn herein
80% der Pflichtigen von dieſem Rechte Gebrauch gemacht haben und daß der
Procentſatz noch im Wachſen begriffen iſt, die Aufmerkſamkeit der Staats=
männer. Sicher darf man einer freiwilligen Declaration mehr Vertrauen
ſchenken, als einer erzwungenen, und die vorhandenen Declarationen wer=
den dann auch einen brauchbaren Maßſtab zur Abſchätzung derjenigen
bieten, welche nicht declariren.

In den Einſchätzungscommiſſionen, denen zunächſt die Controle der
eigenen Angaben der Steuerpflichtigen obliegt, werden am zweckmäßigſten
die communalen Elemente vorherrſchen, welche aus der Wahl der Bethei=
ligten hervorgegangen und mit den einſchlagenden Verhältniſſen am beſten
vertraut ſind; ſehr kleine Gemeinden ſind, um perſönliche Einflüſſe aus=
zuſchließen, mit anderen zu einem Bezirke zu vereinigen. Den Vorſitz
muß jedoch ein Staatsbeamter führen, welcher genaue Sachkenntniß mit
der zur Aufrechterhaltung des Geſetzes erforderlichen Autorität verbindet.
Der Vorſitzende muß, ebenſo wie die Commiſſion als Collegium, das
Recht haben, über das Einkommen der Steuerpflichtigen von Staats= und
Gemeindebehörden Auskunft zu verlangen, Hypotheken= und Flurbücher, Vor=
mundſchafts= und Nachlaßacten u. dergl. durchzuſehen und Sachverſtändige
aus den verſchiedenen Erwerbskategorien zu den Berathungen zuzuziehen.

Um eine in allen Theilen des Staates gleichmäßige Veranlagung
ſicherzuſtellen, befolgt man in einzelnen Staaten das Princip, die Ge=
ſammtlaſt von oben herab auf die Kreiſe und weiter auf die Gemeinden

zu repartiren und diesen dann die Vertheilung unter sich zu überlassen. Ich bekenne, daß ich mir davon kein rechtes Bild zu machen weiß. Wenn der Grundsatz der Selbsteinschätzung, also der Angabe des wirklichen reinen Einkommens, feststeht, so müßte es meines Erachtens genügen, daß das Finanzministerium, als oberste Steuerbehörde, die Commissionen einheitlich instruirt, die Einschätzungen durch Commissare überwacht und sich die Entscheidung über Beschwerden wegen Verletzung der gesetzlichen Formen vorbehält.

Das Princip der Selbsteinschätzung ist der Bürger eines freien Staates allein würdig und zur Durchführung des Gesetzes auf die Dauer nicht zu entbehren; bei Einführung dieses Princips muß man indessen behutsam zu Werke gehen und sich zunächst mehr an das Ehrgefühl als an die Furcht der Steuerpflichtigen wenden. Den Einschätzungscommissionen, in welchen der Vorsitzende die Staatsgewalt zu repräsentiren hat, ist im Uebrigen ein vorwiegend communaler Charakter zu geben. Die oberste Leitung der Veranlagung ist dem Finanzministerium vorzubehalten, welches durch genaue Instruirung der Behörden und durch Abordnung von Commissaren die gleichmäßige Anwendung des Gesetzes zu überwachen hat.

4) „Welche indirecten Steuern müssen und können einer solchen schärferen Heranziehung der persönlichen Leistungsfähigkeit der Bürger gegenüber und in Anbetracht ihrer wirthschaftlichen Schädlichkeit unbedingt gleichzeitig beseitigt werden?"

Wenn Reformen in den directen Steuern dazu benutzt werden können, um solche indirecte Steuern, welche unverhältnißmäßige Erhebungskosten verursachen und sonst wirthschaftlich schädlich wirken, zu beseitigen, so ist dies gewiß nur zu loben. Dahin sind namentlich die Mahl- und Schlachtsteuer zu rechnen, wo sie noch bestehen; auch manche Gebühren, wie das Chausseegeld. Unter Umständen kann aber auch der finanzielle Gewinn einer Reform der directen Besteuerung in der Erleichterung aufgehen, welche einem bisher überbürdeten Theile der Steuerpflichtigen, z. B. den weniger bemittelten Classen, billigerweise gewährt werden muß; und wo z. B. die Einkommensteuer neu eingeführt wird, mag staatsmännische Klugheit verbieten sie allzustraff zu spannen, um sie nicht von vorn herein verhaßt zu machen. Ich wage deshalb von keiner indirecten Steuer zu behaupten, daß sie unbedingt gleichzeitig mit der Reform der directen Steuern beseitigt werden müßte, und kann die Antwort nur so fassen:

Die Reform der directen Besteuerung ist, soweit die Verhältnisse dies gestatten, zur Beseitigung etwa noch vorhandener wirthschaftlich schädlicher indirecter Abgaben, wie namentlich der Mahl- und Schlachtsteuer, und verkehrsstörender Gebühren wie des Chausseegeldes, zu benutzen.

Leipzig, 25. April 1873.

Zur Reform der Personalbesteuerung.

Gutachten

erstattet vom

Grafen Wintzingerode.

Die die directe Personalbesteuerung betreffenden Fragen, über welche der Ausschuß der Eisenacher Versammlung ein Gutachten wünscht, können wie sie gestellt sind, nur mit directer Beziehung auf ein bestehendes Steuersystem oder bestehende Steuersysteme beantwortet werden. Die geforderten Gutachten sollen nicht allgemeine Theorien über Besteuerung aufstellen, sondern dem unmittelbar praktischen Zwecke dienen, einen Meinungsaustausch über die Reformfähigkeit und Reformbedürftigkeit solcher bestehenden Steuersysteme einzuleiten. Es fragt sich, an welches der in Deutschland geltenden Systeme directer Personalbesteuerung die Betrachtung am zweckmäßigsten anzulehnen sei!

Das Steuerwesen hat sich im Laufe der Zeiten in den verschiedenen Culturländern sehr verschieden entwickelt. Allen gemeinsam ist die Combination directer und indirecter Steuern, Gebühren eingerechnet, und das Bestreben, die Steuervertheilung so einzurichten, daß sie der Gerechtigkeit entspreche. Die Frage, in welcher Weise dies letztere Ziel zu erreichen sei, ist in allgemein gültiger Weise nicht zu lösen. Denn sie hängt ab von dem politischen und wirthschaftlichen Entwickelungsstande des einzelnen Landes, von der Verwaltungseinrichtung, von der Art der Vertheilung der Aufgaben der Gesammtheit zwischen dem Staat als Ganzen und seinen unteren communalen Gliedern. Sie hat die Würdigung der wirthschaftlichen Interessen zur Voraussetzung, welche wiederum zu verschiedenen Zeiten und in verschiedenen Ländern verschieden sein können. „Die Steuer muß für das bestimmte Volk passend sein."

Für die Frage, wie eine einzelne Steuerart, die directe Personal=
besteuerung, im Sinne der Gerechtigkeit zu gestalten sei, ist außerdem das
Verhältniß entscheidend, in welchem diese zu den übrigen, insbesondere den
indirecten Steuern steht.

Selbst innerhalb des deutschen Vaterlandes hat die Steuergesetzgebung
in den verschiedenen Particularstaaten verschiedene Wege eingeschlagen. In
dem größeren Preußen waren die politischen und wirthschaftlichen Voraus=
setzungen andere, als in den mittleren und Kleinstaaten. Schärfere Schei=
dung zwischen staatlichen und communalen Aufgaben, eine stärkere Belastung
der Staatsfinanzen in Folge der Anstrengungen, welche die französischen
Kriege zu Anfang des Jahrhunderts uns auferlegt hatten, erhöhte An=
forderungen an die Steuerzahler wegen der stärkeren Verpflichtungen, deren
sich der Großstaat für die militärische Sicherheit seiner selbst und Gesammt=
Deutschlands bewußt war. Die besonderen Schwierigkeiten der Lage
Preußens haben ihm nicht nur jene auch von seinen Neidern und Feinden
anerkannte knappe Finanzverwaltung eingetragen, sondern haben auch die
Gesetzgeber veranlaßt, bei Zeiten auf eine Steuervertheilung hinzuwirken,
durch welche ohne auf die eine oder andere Bevölkerungsclasse, den einen
oder anderen Landestheil einen übermäßigen Druck auszuüben, der Finanz=
verwaltung hohe, im Nothfalle und für communale Zwecke durch Zuschläge
noch zu steigernde Erträge gesichert wurden. Diese Bewegung begann mit
dem Finanz=Edict Friedrich Wilhelm III. und hat seitdem nicht stille ge=
standen. Der Vorsatz „mittelst einer gänzlichen Reform des Abgabewesens
alle Abgaben nach gleichen Grundsätzen für die ganze Monarchie von Jeder=
mann tragen lassen zu wollen", hat die ersten Schritte zur Vereinfachung
des bisherigen Abgabewesens, zur Einfügung einer Gewerbe= und einer
Klassensteuer neben den beibehaltenen Grundsteuern ebensowohl geleitet, wie
später bis in die neuesten Reformbestrebungen hinein zur Neuregulirung
der Grundsteuer und zur Ausbildung einer allgemeinen Einkommen=
steuer geführt. Anders in der Mehrzahl der Mittel= und Kleinstaaten.
Durch ihre Finanzlage minder bedrängt, haben die Meisten derselben in
stärkerem Maße die früheren Steuerarten in vorwiegender Geltung erhalten;
durch Einschiebung neuer Spezialsteuern, als Rentensteuern, Besteuerung der
Beamtengehälter, mäßiger Personalsteuern für die nicht anderweit bereits
betroffenen Berufsarten, eine Heranziehung aller Erwerbsarten zwar er=
möglicht, den Schritt zu einer einheitlichen Einkommensteuer aber vermieden.
Nur in einigen der Kleinstaaten wie in Altenburg, Weimar und Darm=
stadt hat man ähnliche Wege eingeschlagen wie in Preußen, theils durch
das Beispiel dieses Landes, theils durch dasjenige Englands angeregt, dessen
income tax unerwartet günstige Erfolge bot und sich zur vornehmsten
directen Staatssteuer dieses Landes erhob, obgleich sie ursprünglich nur
zur Befriedigung außerordentlicher Finanzbedürfnisse ins Leben gerufen und
mit einem nur provisorischen Charakter bekleidet gewesen war. Hand in
Hand mit diesen Vorgängen auf dem Gebiet praktischer Steuerpolitik

hatte auch die Wissenschaft in immer zahlreicheren Vertretern und ihr nach die öffentliche Meinung sich mehr und mehr für die allgemeine Einkommensteuer entschieden. Es wird heute behauptet werden dürfen, daß auch diejenigen deutschen Länder, welche bis jetzt von diesem System noch am weitesten entfernt sind, das ihrige nur im Sinne einer Annäherung an das allgemeine Einkommensteuer=System werden reformiren können. Die steigenden finanziellen Bedürfnisse dieser Staaten und die Verschiebung der wirthschaftlichen Verhältnisse, welche bisher erträgliche auf einzelnen Erwerbsarten lastende Ertragssteuern mehr und mehr als ungerechtfertigten nur durch die Einführung der Einkommensteuer zu beseitigenden Druck empfinden lassen, die Herstellung einer größeren Homogenität auch der Verwaltungseinrichtungen in allen deutschen Ländern, auf welche die politische und wirthschaftliche Einheit unzweifelhaft hindrängen wird, werden den Vorgang beschleunigen. — Characteristisch und in hohem Grade interessant ist in dieser Beziehung der Vorgang im Königreich Sachsen, dessen Regierung den mit seltener Gründlichkeit durchgeführten Commissions= arbeiten der zweiten Kammer gegenüber schwerlich an ihren Vorurtheilen gegen das Einkommensteuersystem wird festhalten können. Es wird gestattet sein aus diesen Commissionsarbeiten diejenigen Majoritätsvota hier wieder= zugeben, welche auf die uns hier beschäftigenden Materien directen Bezug haben. Sie sind dem Commissionsbericht entnommen, welcher mir durch die Bereitwilligkeit des Bureaus der sächsischen 2. Kammer zur Verfügung gestellt wurde, dürften aber nicht allgemein bekannt sein. Ich widerstehe dabei der Versuchung, die Beschlüsse ganz hierherzusetzen, um dieser Arbeit keinen zu großen Umfang zu geben.

Die wesentlicheren dieser Beschlüsse lauten:

I. Bei der bevorstehenden Reform der directen Steuern ist zugleich die Aufhebung der Schlachtsteuer und des Chausseegeldes im Auge zu behalten.

II. An Stelle der gegenwärtigen Grundsteuer, sowie der Gewerbe= und Personalsteuer ist eine allgemeine Klassen= und Einkommensteuer ein= zuführen.

III. Unter dem Einkommen eines Steuerpflichtigen ist der Gesammt= betrag desjenigen zu verstehen, was derselbe an Geld oder Geldeswerth durch seine wirthschaftliche Thätigkeit oder auf sonst berechtigte Weise, nach Abzug aller Productionskosten mit Einschluß der Schuldzinsen, innerhalb Jahresfrist erwirbt und für seinen und seiner Angehörigen Unterhalt, Nutzen und Vergnügen verwendet oder zur Verbesserung seiner Vermögens= verhältnisse erübrigt.

Erbschaften, Vermächtnisse, Aussteuern und dergleichen sind nicht als Einkommen zu rechnen, sondern bilden einen Zuwachs des Stammver= mögens, von welchem nur der Ertrag besteuert wird.

IV. Jedes Einkommen, es mag dasselbe aus Grund und Boden, aus Gebäuden, aus dinglichen Gerechtsamen, aus Renten und Kapitalbesitz,

aus Handel und sonstiger Erwerbsthätigteit herrühren, ist bei einem jähr=
lichen Gesammtbetrage bis zu einer näher festzusetzenden Höhe von etwa
400 oder 500 Thlr. der Klassensteuer und bei einem darüber hinausgehen=
den Gesammtbetrage der Einkommensteuer zu unterwerfen.

Für die Klassensteuer, welche in etwa vier Klassen zu erheben ist,
bildet zwar ebenfalls das Einkommen den Maßstab der Besteuerung,
es findet jedoch bei derselben eine Berücksichtigung individueller Verhältnisse
statt und ist zu diesem Zwecke für jede Klasse neben dem Normalsatze noch
ein ermäßigter Satz festzustellen.

Bei Bestimmung der Höhe der Klassensteuersätze ist darauf Bedacht
zu nehmen, daß dieselben im Allgemeinen über das jetzige Maß der Be=
steuerung der niederen Klassen wenigstens nicht wesentlich hinausgehen.

V. Die untere Grenze der Steuerpflicht wird bei der Klassensteuer
durch das erfüllte 18. Lebensjahr, außerdem nur durch die Erwerbsfähig=
keit des Steuerpflichtigen bestimmt.

VII. Das Einkommen der Steuerpflichtigen ist nach seinen ver=
schiedenen Quellen, je nachdem es
  a) aus Geldcapitalien und Zinsberechtigungen,
  b) aus Grundbesitz und dessen wirthschaftlicher Benutzung,
  c) aus einer vom Staate, von Gemeinden, Corporationen oder öffent=
     lichen Anstalten gewährten Besoldung mit Pensionsberechtigung, oder
     einer daher rührenden Pension oder aus Leibrenten,
  d) aus Löhnen und Besoldungen ohne Pensionsberechtigung,
  e) aus Handel und Gewerbe, einschließlich des Betriebs der Land=
     wirthschaft auf erpachteten Grundstücken,
herrührt, gesondert festzustellen und das Einkommen unter a und b nach
seiner vollen Höhe, das unter c nach Abzug von $1/10$, das unter d und e
nach Abzug von $2/10$ zur Besteuerung heranzuziehen.

VIII. Der Procentsatz der Steuer steigt bis zu einem Einkommen=
betrage von etwa 5000 Thlr. allmälig an; es soll jedoch die procentale
Belastung der höheren Stufen der Einkommensteuer, gegenüber derjenigen
der untersten (d. h. von 400 oder 500 Thlr. ab) das Verhältniß von 4 : 1
keinesfalls überschreiten. Die Progressionsscala ist so aufzustellen, daß
schroffe Uebergänge möglichst vermieden werden.

IX. 5. Die Einkommensteuerpflichtigen (vergl. Punkt IV.) sind jedes=
mal vor der Einschätzung zur wahrheitsgetreuen Declaration ihres Einkom=
mens mit Bezeichnung der verschiedenen Quellen desselben aufzufordern.

7. Wenn die eigenen Angaben des Steuerpflichtigen nicht zu be=
gründeten Zweifeln gegen ihre Richtigkeit Anlaß geben, sind sie bei der
Einschätzung vorzugsweise zu berücksichtigen.

8. Diejenigen Einkommensteuerpflichtigen, welche ihr Einkommen nicht
innerhalb der zu stellenden (vierwöchentlichen) Frist declariren, gehen für
die laufende Abschätzungsperiode des Reclamationsrechtes verlustig.

Man sieht, daß die Majorität der sächsischen Commission sich auf die gleiche Grundlage mit dem preußischen System der directen Personalbesteuerung stellt, daß sie aber Abweichungen vorschlägt, welche man wenigstens theilweise als wünschenswerthe Verbesserungen auch in Preußen besprochen und erkannt hat. —

Alles dieses führt zu dem Schluß, daß die Beantwortung der gestellten Fragen am zweckmäßigsten an das preußische System der directen Personalbesteuerung, an das preußische Einkommensteuersystem sich wird anlehnen müssen.[1]

---

[1] Wer sich mit der Frage der directen persönlichen Besteuerung befaßt, kann Dr. Adolf Held's im vorigen Jahre erschienene Schrift „die Einkommensteuer, Bonn, bei Adolf Marcus," nicht übersehen. Der Verfasser betrachtet das Einkommen des Einzelnen „als einen Theil des durch Zusammenwirken Aller entstehenden Gesammteinkommens, den der Einzelne nach Maßgabe der bestehenden Rechtseinrichtungen durch geschickte Benutzung der Verhältnisse, aber nicht durch eigene Kraft allein erwirbt" und definirt das Einzeleinkommen in Anlehnung an Hermann und Schmoller als dasjenige, was er ohne Schädigung seiner künftigen Erwerbsfähigkeit und ohne Verminderung seines Kapitals verzehren kann. Er giebt im Uebrigen den Kriterien Beifall, welche die §§ 28—30 des Preußischen Einkommensteuergesetzes für den Einkommensbegriff aufstellen. — Die unterscheidenden Merkmale der Einkommensteuer liegen einmal in dem Abzug der Schuldzinsen auch von persönlichen Schulden und ferner in der „gleichmäßigen Besteuerung aller Erträge", welche die sogenannten Systeme von Ertragssteuern noch niemals erzielt hätten. Nur so seien die Klagen wegen Ueberbürdung einzelner Erwerbsstände und wegen Ueberlastung einzelner verschuldeter Steuerzahler zu beseitigen. Die Forderung der Gleichmäßigkeit der Besteuerung aller Arten von Erträgen bedarf indeß meines Erachtens einer Modification insofern, als sie sonst eine stärkere Besteuerung des fundirten gegenüber dem unfundirten Einkommen schon im Prinzip ausschließen würde, während sie sich mit demselben doch unzweifelhaft verträgt. Jene Forderung wird also auf die Herstellung eines richtigen und billigen Verhältnisses in der Besteuerung der einzelnen Einkommenszweige zurückgeführt werden müssen. — Wenn Dr. Held in seinen Reformvorschlägen für die preußische Einkommensteuer besonderes Gewicht darauf legt, daß das Verfahren bei Schätzung der einzelnen Einkommenszweige nach dem Vorbilde der englischen Schedula's und unter Benutzung der bei den Ertragssteuern gemachten Erfahrungen scharf getrennt und so die materiellen Vorzüge der Einkommensteuer mit den formalen der Ertragssteuern verbunden werden mögen, so übersieht er vielleicht, daß die Einschätzungspraxis in Preußen sich diesem Ziele bereits nähert, daß es sich zuzugeben, daß sie auf diesem Wege energischer vorschreiten und auch einen Anhalt im Gesetze finden sollte. Für fast unüberwindlich aber würde ich in Preußen die Schwierigkeiten halten, welche sich dem Uebergang zu dem englischen indirecten Besteuerungssystem bei der Einkommensteuer entgegenstellen. Es hat dasselbe mit seinen Institutionen und dem dadurch bedingten weitläufigen Apparat schon jenseits des Canals die erheblichsten Mißstände im Gefolge. Es entzieht uns ferner den wichtigen Anhalt bei dem Einschätzungsverfahren, welchen die Ausgaben des Steuerpflichtigen bieten. Wie aber soll es bei einer bis in die untersten Klassen durchgeführten Einkommensteuer und bei einer Progressivsteuer bestehen? Diese Besonderheiten der preußischen Steuer gegenüber der englischen würden geopfert werden müssen und damit die erheblichsten Vorzüge, welche sie vor Letzterer voraus hat.

Ad 1. Das preußische Gesetz vom 1. Mai 1851 über die Einführung einer Klassen= und klassificirten Einkommensteuer darf als bekannt vorausgesetzt werden. Es ist das heute noch geltende. Man wird mir vielleicht eine Uncorrectheit vorwerfen, wenn ich in Vorstehendem dieses Gesetz schlechtweg als auf dem Einkommensteuersystem beruhend bezeichnet habe, während es selbst die Steuer von dem Einkommen bis zu 1000 Thlr. eine Klassensteuer nennt und für die Einschätzungen Klassenmerkmale aufstellt. Dieser Widerspruch ist jedoch nur ein scheinbarer. — Bis zum Jahre 1851 bestand in Preußen zum Zweck der directen Personalbesteuerung nur eine Klassensteuer. Die Steuerpflichtigen ursprünglich nur in 4, später in 12 Stufen theilend und Zwischenstufen je nach hervortretendem Bedarf einführend, beruhte sie auf der thatsächlich sowohl in der städtischen als ländlichen Bevölkerung bestehenden ständischen Gliederung, auf den zu Anfang des Jahrhunderts noch deutlich erkennbaren Unterschieden der socialen Stellung. Noch Hoffmann gab einer solchen in wenig Klassen gesonderten Personalsteuer den entschiedenen Vorzug vor einer eine schärfere Prüfung des Einkommens jedes Einzelnen, ein mehr oder weniger belästigendes Eindringen in die Vermögensverhältnisse bedingenden, sorgfältiger abgestuften, Einkommensteuer. Aber die Thatsachen waren stärker als diese Theorie. Die Klassen=Kriterien waren mit der fortschreitenden Befreiung jeder Erwerbsthätigkeit, mit der für jeden gegebenen Möglichkeit, Grundbesitz zu erwerben und jedweden Beruf zu ergreifen, mehr und mehr geschwunden. Wenn Unterschiede in der Höhe der Besteuerung einmal gemacht werden sollten — und daß dies geschehen müsse, daran zweifelte Niemand mehr, — so wurde es klar, daß sie nicht mehr an veraltete unhaltbare ständische Gliederungen, sondern daß sie an die größere oder geringere Leistungsfähigkeit des Einzelnen anzulehnen seien. Nach längeren, in der Zeit unmittelbar vor und nach dem Jahre 1848 die Gesetzgeber beschäftigenden Vorarbeiten, kam dieser Grundsatz in dem angeführten Gesetze zum Durchbruch. Nicht uneingeschränkt: denn noch schied man in den untersten Klassen desjenigen Theiles der directen persönlichen Steuer, für welche man die Bezeichnung Klassensteuer beibehielt, zwischen gewöhnlichem Gesinde und Tagelöhnern, und anderen in fremdem Lohn und Brod stehenden Personen, zwischen dem Grundbesitzer und Gewerbetreibenden, der nebenher noch Nebenverdienst zu suchen hat und demjenigen, der von seinem Grundbesitz und Gewerbe schon selbstständig zu leben im Stande ist. Diese Scheidung erschien rationell und wurde von keiner Seite als belästigend empfunden, so lange sie auch den Einkommensunterschieden dieser verschiedenen Erwerbsklassen nothdürftig entsprach. Aber schon legte das Gesetz auch innerhalb der Klassensteuergrenze auf die Wohlhabenheit und die Höhe des Gesammteinkommens ein hervorragendes Gewicht, ein Beweis, daß das Princip der Einkommensschätzung nicht nur nach oben hin, für die eigentliche Einkommensteuer, sondern auch nach unten sich als das kräftigere zeitgemäßere erwies. Die auf Grund des Gesetzes regierungs=

seitig für die Einschätzungs-Commissionen erlassenen Instructionen thaten das Uebrige, um bis in die untersten Stufen die sich im Leben mehr und mehr verwischenden Klassenunterschiede auch in der Besteuerung verschwinden zu lassen und einer Reform vorzuarbeiten, welche die Einkommensschätzung zur alleinigen Grundlage für die gesammte directe Personalbesteuerung erhebe. Im Keim ist dieses Princip in dem Gesetz von 1851 also auch für die Klassensteuerstufen bereits enthalten gewesen.

Die Bedeutung derjenigen Reform des Klassen- und Einkommensteuer-Gesetzes, mit welcher die Gesetzgebung Preußens eben jetzt beschäftigt ist[1]), ruht wesentlich darin, daß sie jenen Keim zur vollständigen Entwickelung zu bringen sucht. Sie bricht mit dem Klassensystem ganz und will die Einkommensschätzung gesetzlich zur vollen Durchführung bringen. Es hat keinen Sinn mehr, einen mäßig besoldeten Schullehrer, Wirthschaftsbeamten, Werkführer, einen in den dürftigsten Verhältnissen weiter wirthschaftenden Ackermann, höher zu besteuern als den heute ein ebenso sicheres und reichlicheres Brod findenden Arbeiter unserer Großindustrie bloß deshalb, weil man letzteren nach der Nomenclatur des Gesetzes als Tagelöhner, erstere aber als Beamte oder als selbstständige Grundeigenthümer anzusehen hat.

Die aufgestellte Frage, ob das Einkommensteuer-Prinzip streng auf alle Klassen der Gesellschaft anwendbar sei, ist also, durch die preußischen Reformarbeiten, bereits practisch beantwortet und ich stimme dieser Antwort bejahend bei. Den Schwierigkeiten, welche sich bei der Einschätzung in die untersten Steuerstufen aus der großen Zahl der Censiten, aus der Unmöglichkeit eines scharfen Eindringens in die Verhältnisse jedes Einzelnen, aus der Verschiedenheit der in den localen Verhältnissen liegenden Momente ergeben, wird theilweise dadurch vorgebeugt, daß man die Einkommensabstufungen für die untersten Steuersätze nicht allzu eng greift und dadurch einen gewissen Spielraum schafft, und theilweise durch die practische Handhabung des Gesetzes abgeholfen werden, welche geringen Unterschieden in der Vermögenslage für die Besteuerung kein allzu großes Gewicht beilegen wird. Wenn man trotzdem für die Stufen bis zu 1000 Thaler Einkommen die Bezeichnung Klassensteuer beibehalten will, so ist

---

[1]) Vgl. den Bericht der X. Commission des Abgeordnetenhauses Nr. 197 der Drucksachen. Der § 5 der Commissionsvorschläge sagt zwar:
Der Classensteuer sind unterworfen diejenigen Einwohner in nicht mahl- und schlachtsteuerpflichtigen Orten, deren jährliches Einkommen den Betrag von 1000 Thlr. nicht übersteigt.
§ 7 aber fährt fort: die Veranlagung erfolgt nach Maßgabe der Schätzung des jährlichen Einkommens. Der Steuersatz beträgt
in der 1. Stufe bei einem Jahreseink. von 140 bis einschließl. 220 Thlr. 1 Thlr.
„ „ 2. „ „ „ „ 220 „ „ 300 „ 2 „
„ „ 3. „ „ „ „ 300 „ „ 350 „ 4 „
und sofort bis
„ „ 12. Stufe bei „ „ 900 „ „ 1000 „ 24 „

damit, wie auch in den sächsischen Vorschlägen, nicht mehr eine Scheidung nach gewissen Berufsklassen oder Ständen gemeint, es bleiben vielmehr für diese unteren Stufen andere Unterschiede gegenüber den höheren bestehen, welche die Beibehaltung der gewohnten Bezeichnung rechtfertigen und welche später hervortreten werden. —

Weniger noch als eine Abweichung von dem Einkommensteuer=Princip für die unteren Klassen glaube ich eine Freilassung ganzer Gesellschaftsschichten von der directen Besteuerung überhaupt empfehlen zu dürfen. Die Lehre von dem Existenzminimum ist eine äußerst angefochtene und wenn ihr eine gewisse Berechtigung nicht abgesprochen werden kann, so tritt sie für mich vor dem, schon von Hoffmann verfochtenen, Satz zurück, daß man die unteren Bevölkerungsschichten in höherem Maße ehrt, ihnen eine größere Wohlthat erweist, wenn man sie zu mäßigen Personalsteuern heranzieht, als wenn man sie einer allgemeinen Pflicht dem Staat gegenüber enthebt und sie mit dem Schein eines geringeren Werthes behaftet. Auch Adolf Held legt auf diese ethisch=politische Seite der Allgemeinheit der Steuerpflicht hervorragendes Gewicht, indem er die einzelne Persönlichkeit in directe Verbindung mit der staatlichen Gesammtheit gebracht und die Pflicht, zu den Aufgaben dieser Gesammtheit beizutragen nicht geringer geschätzt wissen will, als die Befriedigung der Bedürfnisse des täglichen Lebens oder die Gewährung der Möglichkeit, Ersparnisse zu machen, Capitalien zu sammeln. Vergegenwärtigt man sich, daß das allgemeine Bewußtsein Recht und Pflicht im politischen Leben in den nächsten Zusammenhang zu bringen sich gewöhnt, und daß thatsächlich wichtige politische Rechte von der Steuerzahlung abhängen, so wird man diesen Sätzen und auch der Forderung um so bereitwilliger beistimmen, daß jene Allgemeinheit der Steuerpflicht nicht nur in den indirecten Steuern, sondern auch in den äußerlich erkennbareren, directen Steuern, ihren Ausdruck finde. Auch in England wird die Befreiung der untersten Volksschichten von der politisch und moralisch wichtigen directen Steuer keineswegs als ein Vorzug angesehen. Das was Berechtigtes in der Lehre vom Existenzminimum liegt, daß nämlich diejenigen Erwerbsklassen, welche nur nothdürftig die Mittel für ihren Unterhalt zu beschaffen vermögen minder fähig seien, auch selbst den mäßigsten Theil ihres Einkommens an den Staat abzugeben als diejenigen, welche bei reichlicherem Erwerb ihre Ansprüche an das Leben höher zu stellen und nicht mit Noth zu kämpfen haben, wird in der Abstufung der Steuern (vergleiche ad 2) und in der Berücksichtigung der besonderen, die Leistungsfähigkeit bedingenden Verhältnisse, zur Geltung zu bringen sein. — Der Umstand, daß dem gegenüber die neuesten preußischen Reformvorschläge ein Minimaleinkommen (von 140 Thlrn.) annehmen, von welchem ab erst die Besteuerung zu beginnen habe, ist für die angeregte Prinzipienfrage von geringer Bedeutung. Denn dieser Satz ist so niedrig gegriffen, daß aus demselben die Befreiung einer ganzen Gesellschaftsschicht selbstständiger Personen nach den heutigen Erwerbsverhältnissen unmöglich folgen kann. Dagegen empfiehlt sich aus praktischen Gründen die Festsetzung einer solchen Minimalgrenze einestheils, um einen Anhalt dafür zu haben, welche Censiten von den Einschätzungs-Commissionen als effectiv arm anzusehen seien und die Härten zu vermeiden, welche aus der Definition folgen, die das bestehende Gesetz über Armuth giebt, anderntheils, um die große Zahl unselbstständiger Censiten aus den Steuerrollen zu entfernen, deren Besteuerung die Commissionen und Behörden in einem, zu dem Ertrage außer Verhältniß stehenden, Maße belästigte. Auf solche practische Argumente Rücksicht zu nehmen, kann die Steuerpolitik sich nicht entschlagen[1]).

Besondere Schwierigkeiten bietet einer Einkommensbesteuerung, welche einen Jeden nach gleichem Maß messen, also gerecht sein will, der Umstand, daß dasselbe Einkommen in den Händen verschiedener Personen je nach deren Bedürfnissen und nach den äußeren Umständen, unter welchen sie leben, eine sehr verschiedene Bedeutung hat. Die einschlagenden Momente sind so mannigfaltiger Art, wie das Leben, und entziehen sich eben deshalb zum größten Theil der Berücksichtigung durch das Gesetz, welches nur Durchschnittsnormen, aber nicht für jeden einzelnen Fall besondere Vorschriften zu erlassen vermag. Einzelne jener die besondere wirthschaftliche Leistungsfähigkeit bedingenden Verhältnisse sind aber so wichtig erschienen, daß weder die bisherige preußische Gesetzgebung noch die neueren preußischen und sächsischen Reformprojecte sie bei Besteuerung der geringeren Einkommen haben unberücksichtigt lassen können. Dies gilt von einer großen Zahl von Kindern, der Verpflichtung zur Unterhaltung armer Angehöriger, andauernder Krankheit, außergewöhnlichen Unglücksfällen. Bei Bemessung der Grenze, bis zu welcher die Schätzungsbehörden auf diese Momente sollen Rücksicht nehmen dürfen, stehen sich zwei Erwägungen gegenüber. Der Umstand, daß jeder freiere Spielraum, den man jenen läßt, zur Abweichung von der Gleichmäßigkeit des Veranlagungsverfahrens, zur Willkür verleiten kann, mahnt dazu, die Grenze möglichst eng zu ziehen. Der Wunsch, in allen den Kreisen der Censiten eine gewisse Billigkeit walten lassen zu können, in welchen die besonderen Ausgaben, welche eine zahlreiche Familie, Krankheit und dergl. verursacht, noch als ein großer finanzieller Druck empfunden werden, führt zu einer Erweiterung der Grenzen. An welche Stelle

---

[1]) Adolf Held. Die Einkommensteuer. Seite 10. „Selbst wenn das unabweisliche Bedürfniß nicht dazu zwänge, so müßte man Steuern und zwar directe Steuern für wünschenswerth halten, weil Dienste in natura doch nicht Jeder leisten kann, und so nur durch Steuern eie öffentlich rechtliche Pflicht eines Jeden gegenüber dem Staate zur Anschauung und zum Bewußtsein gebracht werden kann. Es ist ein tiefer Gedanke, daß nach einzelnen Wahlgesetzen nur derjenige politischer Wähler ist, der mindestens ein Minimum directer Steuer zahlt, eine Einrichtung, welche Pflichten und Rechte der Staatsunterthanen offen und unverkennbar mit einander in Zusammenhang setzt."

man sie auch legen mag, ob schon in die 400=, oder 500=, oder weiter hinauf in die 1000 Thlr.=Stufe oder darüber, man wird immer nur nach einem gewissen allgemeinen Arbitrium verfahren können. Indessen hat m. E. die Commission des preußischen Abgeordnetenhauses ebenso recht gehandelt, jene Grenze noch von der bisherigen obersten Klassensteuerstufe hinweg über die zweite Einkommensteuerstufe hinauf zu verlegen, wie es in Sachsen gerechtfertigt sein mag, sie weit tiefer zu setzen. Die Frage der Berücksichtigung der Leistungsfähigkeit hängt eng zusammen mit der der Progression. Beide Maßnahmen bezwecken eine Schonung der Aermeren. Wo die Progression eine allmählichere ist und erst bei einem höheren Einkommen den Maximal=Prozentsatz der Steuer erreicht, da kann man die Berücksichtigung der Leistungsfähigkeit ohne Härte früher entbehren, als da, wo die Progression schon bei einem verhältnißmäßig geringen Einkommen ihr Ende hat. Ein Einkommen von 1000 oder 1200 Thlr. bedeutet heute nicht mehr viel und doch sind gerade aus der Zahl der kleinen Beamten, Lehrer, und anderer wissenschaftlich vorgebildeter Berufsgenossen nicht wenige auf diesen Einkommenssatz angewiesen. Sie werden in Preußen nach demselben vollen Prozentsatz (3 %) zur Steuer herangezogen, wie alle größeren Einkommen, obgleich sie unzweifelhaft sich nicht in der unabhängigen Lage befinden, auch eine große Familie ohne Schwierigkeit erhalten, eine Krankheit, einen Unglücksfall finanziell leicht überwinden zu können. Es würde verkehrt sein, die Möglichkeit ausschließen zu wollen, diese Momente hier noch berücksichtigen zu können. Wir neigen sogar der Ansicht zu, daß diese Möglichkeit für Einkommen bis zu 1600 oder 1800 Thlr. gewonnen werden müßte.

Ad 2. Anders läge die Frage, wenn die Progression der Einkommensteuer eine allmählichere wäre und nicht schon bei 1000 Thlr. Einkommen ihren Maximalsatz erreichte.

Darüber, ob überhaupt Progression stattzufinden habe, ist eigentlich jeder Zweifel durch die in Deutschland, soweit eine allgemeine Einkommensteuer oder eine mit einer Klassensteuer combinirte Einkommensteuer eingeführt ist, geltende Praxis entschieden. Auch die neuesten sächsischen und preußischen Reformarbeiten erkennen die Nothwendigkeit derselben an. Wir sind also der Aufgabe überhoben, das Princip selbst gegen die Sorge einiger Vertreter der Wissenschaft zu vertheidigen, welche fürchten, daß, wenn man einmal die gleiche procentale Besteuerung verlasse, man haltlos jeder Ungerechtigkeit und Thorheit zusteure. Wir halten das Princip der Progression für gerecht, da wo es Geltung gewonnen eine Rückkehr zur Proportionalität für unmöglich, und glauben ein Prinzip nicht deshalb fürchten zu müssen, weil es mißbraucht werden kann. Dies ist schließlich mit jedem Prinzip der Fall und gerade die Steuerpolitik liefert den Beweis, daß nicht das straffe Verfolgen einer einseitigen Theorie, sondern billiges Abwägen die Aufgabe ist. Die reine Proportionalität ist ungerecht, wir können sie nicht deshalb der Progression vorziehen, weil die letztere unge=

recht werden kann. Es handelt sich also für uns nur darum, „die Steuervertheilung", um wieder mit Professor Held zu reden, „so einzurichten, daß weder den Aermeren die Existenz gefährdet, noch den Reicheren die Möglichkeit, neue Kapitalien zu sammeln, genommen wird, und daß durch gleichmäßige Schonung der Interessen und Verpflichtungen aller Grade des Wohlstandes das öconomische Wohlsein aller möglichst wenig beeinträchtigt wird." Wir möchten hinzufügen, daß nicht nur die Möglichkeit, sondern auch die Neigung zu neuer Kapitalanlage gewahrt werden muß, um dieselbe nicht außerhalb Landes zu weisen und so die heimische Industrie, den heimischen Gewerbfleiß zu schädigen und zu vernichten. — Schon der Hinblick allein auf das Vorhandensein und die Nothwendigkeit indirecter Steuern sollte die Gegner von der Nothwendigkeit einer Progression der Einkommensteuer überzeugen. Mag man aus jener alle Besteuerung unentbehrlicher Lebensbedürfnisse entfernen und wie es geschehen sollte nur die Besteuerung möglichst allgemein verbrauchter aber entbehrlicher Gegenstände beibehalten, so würden dieselben doch immer auf dem geringeren Einkommen im stärkeren Verhältnisse lasten als auf dem höheren, also in der Progression der Einkommensteuer ihre Ausgleichung finden müssen.

Was die Grenze und das Maaß der Progression betrifft, so stimme ich den Ansichten des Referenten der sächsischen zweiten Kammer, Dr. Gensel, bei. Derselbe führt aus, daß von derjenigen Höhe des Einkommens ab, wo der überschießende Betrag nur entweder zu völlig Ueberflüssigem verwendet oder der Regel nach kapitalisirt werde, eine progressive Steigerung der Beitragsfähigkeit nicht weiter stattfinde, vielmehr von da ab ein gleicher Prozentsatz die höheren Stufen in gleichem Grade belaste: mithin von da ab auch für die Steigerung der Beitragspflicht die Berechtigung aufhöre. Diese Grenze sei für die einzelnen Haushaltungen, je nach den verschiedenen Neigungen und Lebensgewohnheiten zwar eine sehr verschiedene, der Gesetzgeber sei aber hier wie so oft unter ähnlichen Umständen darauf angewiesen, die Verhältnisse im großen Ganzen überblickend, einen passenden Durchschnitt zu ziehen. Bei Aufsuchung dieser Grenze werde man von einzelnen, ausnahmsweise hohen, Einkommensstufen abzusehen, vielmehr einen Kreis der bürgerlichen Gesellschaft ins Auge zu fassen haben, welcher noch durch eine verhältnißmäßig große Zahl von Haushaltungen repräsentirt wird; denn erst durch das Nebeneinanderleben einer größeren Anzahl von Familien, die von ähnlichem Wohlstande begünstigt sind, bilde sich ein gewisses Niveau des Lebensgenusses und des Verbrauchs. Einen ziffermäßigen Anhalt zu geben sei nicht leicht, doch dürften etwa die Gehalte der höchsten Beamtenklassen sich dazu eignen. Er arbitrirt den Einkommenssatz, bis zu welchem die Progression stattzufinden habe, mit der Majorität der Kommission auf etwa 5000 Thlr. und will zwischen der procentalen Belastung der höchsten Stufen gegenüber derjenigen von etwa 400 bis 500 Thaler das Verhältniß von 1 : 3 gewahrt wissen, während, wie wir oben gesehen, die Majorität der Kommission sich für ein Verhältniß von 1 : 4 entschied. Es ist klar, daß, wenn man mittelst einer Reform des preußischen Gesetzes die Progression auch mäßiger greifen und etwa in der Grenze von 1 : $2^{2}/_{3}$ halten, dann aber vielleicht bei einem Einkommen von 3000 bis 4000 Thlr. abschließen wollte, man ohne den Ertrag der Einkommensteuer zu schädigen, zu einer Ermäßigung der Besteuerung der Mittelklassen würde gelangen können, auf welchen meines Erachtens die Steuer heute verhältnißmäßig am meisten lastet, ein Resultat, welches ich lebhaft willkommen heißen würde. Damit würde, wie oben ad 1 bereits angedeutet wurde, es auch möglich werden, die bei den Einschätzungen immerhin mißliche Berücksichtigung der besonderen wirthschaftlichen Leistungsfähigkeit in jenen Mittelklassen zu entbehren. Die Abstufungen aber, in welchen die Steigerung stattzufinden hätte, müßten möglichst allmähliche sein, um starke Sprünge, welche von den Censiten immer als eine Ungerechtigkeit empfunden werden, zu vermeiden. Das Aufsteigen der preußischen Einkommensteuersätze des Reformvorschlags des Abgeordnetenhauses bietet einen passenden Anhalt, während die Vorschläge Helds, mit nur 3 oder 4 Abstufungen und dann großen Sprüngen von einem niederen auf einen höheren Procentsatz, schon nach den Erfahrungen, welche man mit dem alten Klassensteuergesetz gemacht hat, gewiß auf den lebhaftesten Widerstand stoßen würden.

Auch die Forderung, daß die Einkommensteuer einen Unterschied zwischen fundirtem und nicht fundirtem Einkommen zu machen habe, erscheint auf den ersten Blick als durchaus billig und gerecht. Die Vorstellung, daß es dem Grundbesitzer, Kapitalisten, selbst dem mit einem gewissen Anlagekapital arbeitenden Gewerbetreibenden, leichter sei als dem ohne eigenes Vermögen, von seinem Gehalt lebenden Beamten, daß es dem Beamten mit Pensionsberechtigung leichter sei als demjenigen ohne Pensionsberechtigung und als dem aus der Hand in den Mund lebenden Arbeiter einen Theil seines Einkommens für die Zwecke des Staates abzugeben, daß das vorhandene Kapital, die auch für die Nachkommen gesicherte Lebensstellung bei der Besteurung zu berücksichtigen, daß mit anderen Worten dem Vermögenslosen die Quote seines Einkommens von Steuern frei gelassen werden müsse, welche er zur Kapitalbildung, zur Altersversorgung und zur Sicherung der Zukunft seiner Kinder zu verwenden habe, will vor dem Einwand Mill's nicht recht weichen, daß ja ein Einkommen, welches nur 10 Jahre dauere auch nur 10 Jahre, dagegen ein immerwährendes Einkommen auch immerwährend, die Steuer zu zahlen habe. Es bleibt immer berücksichtigenswerth, daß das fundirte Einkommen wegen der freieren Entfaltung, welches es der nutzbringenden Thätigkeit des Einzelnen in den meisten Fällen eröffnet, wegen der größeren Sorgenfreiheit, die es gewährt, auch wegen der Vortheile, welche es in einem wohlgeordneten Staate genießt und welche sich periodisch an der von dem Zuthun des Eigenthümers unabhängigen Werthsteigerung des Grundbesitzes und der Gebäude, an dem Aufschwung der Gewerbe erkennen lassen, allgemein als ein bevorzugtes angesehen wird; aber dennoch wird man der stärkeren Heranziehung des fundirten Einkommens durch die Einkommensteuer nur so lange zuneigen, als man die Letztere, getrennt von den übrigen Steuern eines Landes, gleich als ob sie die einzige Steuer wäre, ins Auge faßt. Wo dagegen neben der Einkommensteuer eine selbst mäßige Grundsteuer besteht, oder wo, wie es der Fall sein sollte, neben der Staatseinkommensteuer die Communalsteuer vorzugsweise auf den liegenden Gründen, den Gebäuden, den industriellen Unternehmungen und den Gewerben beruht, da werden die meisten der Argumente hinfällig, welche für jene Unterscheidung sprechen. Im Gegentheil sind wichtige Momente vorhanden, welche dieselbe überflüssig und nachtheilig erscheinen lassen. Die Einschätzung der auf den Tagesverdienst angewiesenen Klassen wird immer eine verhältnißmäßig niedrige sein, weil die Einschätzungsbehörden das Verdienst im Voraus arbitriren müssen und auf all diejenigen Umstände, welche geeignet sind, das Verdienst herabzudrücken oder Unterbrechungen des Verdienstes im Laufe des Jahres herbeizuführen, größeres Gewicht legen werden, als auf die Möglichkeit, daß die Löhne unverändert bleiben und ohne erhebliche Unterbrechungen bezogen werden. Die Lehre von der Uebertragbarkeit der Steuern in die Deduction zu ziehen hat etwas Bedenkliches. Wenn es sich aber ferner um die Frage handelt, ob Beamtengehalte in der Einkommensteuer um ein Geringes mäßiger anzusetzen seien, als andere Erwerbsarten, so wird man doch darauf hinweisen dürfen, daß hier eine Uebertragung der Steuer auf den Gehaltszahler in den allermeisten Fällen stattfindet. Am allerwenigsten aber darf die Steuerpolitik die außerordentlichen praktischen Schwierigkeiten übersehen, welche der Handhabung des Gesetzes aus einer Scheidung der Einschätzung des fundirten und unfundirten Einkommens oder gar einzelner specieller Einkommensarten erwachsen würden. Wie groß ist die Zahl der Censiten, deren Einkommen aus verschiedenen Quellen fließt! Welche Aufgabe muthet man den Einschätzungsorganen zu, wenn sie bei jedem dieser Censiten für jede Einkommensquelle besondere Prozentsätze in Anwendung bringen sollten! „Solche Unterscheidungen drängen sich auf für eine einzige Steuer, die vollkommen gerecht sein soll, aber da eine solche Steuer nur in der Theorie verschiedener Schriftsteller existirt, so haben auch die genannten Unterscheidungen nur einen theoretischen Werth; daß man sie bei einer praktischen Einkommensteuer, die, neben indirecten Steuern existirend, hauptsächlich die Wohlhabenden treffen soll, in Frage gestellt hat, erklärt sich nur dadurch, daß man bei dem Studium der Einkommensteuer diese allein ins Auge faßte, statt sie als Glied eines Steuersystems mit besonderem Zwecke zu betrachten, und daß man gerne feine Theorien herbeisucht, um irgend welche stets willkommene Steuererleichterung zu erwirken. Wir können uns also durchaus nicht damit einverstanden erklären, daß die Gesetzgebung das steuerbare Einkommen nach seinem Ursprung und seiner Verwendung sorgfältig unterscheiden soll. Wir ziehen die einfachste Steuer, die im Allgemeinen die Aermeren schont, jeder anderen vor, die irgend eine natürliche Gerechtigkeit gegen die einzelnen Personen durch subtile Rechenoperationen verwirklichen will."[1]

Ad 3. Das allerdings ist eine unabweisbare Forderung der Gerechtigkeit, daß die Einkommensteuer gegen alle Berufszweige mit gleicher Strenge durchgeführt und die Richtigkeit und Gleichmäßigkeit der Schätzung auch in den verschiedenen Landestheilen und besonders denjenigen Einkommensarten gegenüber gewahrt werde, welche sich derselben erfahrungsmäßig am leichtesten entziehen. Dies gilt hauptsächlich von Einkommen aus Kapitalien, aus Grundbesitz und aus dem Gewerbebetrieb, dessen angeblich zu niedrige Schätzung gegenüber dem festen Einkommen der Beamten und Pensionäre, fortwährenden Gegenstand der Klage bildet. Ich theile die Ansicht, daß, um dem abzuhelfen, für das Einkommen aus Grundbesitz und Gewerben eine straffe Anlehnung an das, für die Grund- und Gewerbesteuer praktisch gefundene Verfahren, also dort unter Benutzung von Grundsteuerkatastern, hier unter Benutzung der, für die Bemessung des Umfangs jedes einzelnen Gewerbebetriebs als maßgebend und leicht kontrollirbar erkannten besonderen Merkmale zweckmäßig sein würde. Es können aus solcher, auf die Wirthschaft des einzelnen Grundbesitzers oder auf die größere oder geringere Intelligenz im einzelnen Gewerbebetrieb mindere Rücksicht nehmenden, mehr objectiven Schätzung allerdings Härten entstehen, im Großen und Ganzen aber wird sie zuverlässiger und für ein ganzes Land gleichmäßiger wirken, als ein Verfahren, welches an einem Orte sich durch dergleichen Merkmale, am anderen vielleicht durch ein ganz freies Arbitrium oder selbst durch Konvenienzen leiten läßt. Ein zu solchen Zwecken brauchbares Steuerkataster muß allerdings öfteren Revisionen unterworfen werden und es muß den Einschätzungsorganen die Möglichkeit geschafft werden, auch innerhalb der Revisionsperioden solche Momente zu berücksichtigen, welche auf die Einträglichkeit des Grund und Bodens eines ganzen Distrikts oder auch auf die Erträgnisse einer einzelnen Wirthschaft von unverkennbarem Einfluß gewesen sind. Die größte Schwierigkeit bei der Aufstellung solcher festen Schätzungsnormen liegt aber in dem Umstande, daß bei verschiedener Größe der Wirthschaften die Verwerthung der eigenen Arbeitskraft des Eigenthümers eine sehr verschiedene ist. Sie ist bei kleinem Grundbesitz verhältnißmäßig größer als bei großem, und bei kleinem Besitz gestatten wieder die besseren Bodenklassen eine höhere Verwerthung auch der eigenen Arbeitskraft als die schlechteren. Die Möglichkeit, diese Unterschiede zu berücksichtigen, muß also ebenfalls gewahrt werden. — Bin ich geneigt für den Grundbesitzer und zwar besonders für den kleineren, weil er sich meist von der effectiven Höhe seines Einkommens gar keine Rechenschaft zu geben vermag, für den Beamten, weil sein Gehalt ohnedies bekannt zu sein pflegt, für den Arbeiter, weil sein zukünftiges Arbeitsverdienst doch nur ganz ungefähr geschätzt werden kann, auf jede Selbstdeclaration zu ver-

---

[1] A. Held a. a. O. Seite 213.

zichten, von dem Gewerbtreibenden sie aber nur insoweit in Anspruch zu nehmen, als die Natur des Gewerbes die Schätzung nach bestimmten äußeren Merkmalen ausschließt, so halte ich sie für unumgänglich geboten für das Einkommen aus Kapitalbesitz. Hier ist sie durchführbar insofern, als der Kapitalist über die Höhe seines Einkommens nicht wohl im Zweifel sein und deshalb selbst zu eidlicher Erhärtung angehalten werden kann, und sie ist gleichzeitig das einzig mögliche Mittel für die Besteuerung, diejenige zuverlässige Unterlage zu finden, welche ohne sie gänzlich fehlt. Schon der Finanzminister von Düesberg leitete die preußischen Reformvorschläge von 1847 mit den Worten ein: „Eins aber bleibt unerläßlich, nämlich daß der Steuer die Selbstdeclaration der Steuerpflichtigen zu Grunde gelegt werde, weil dies das einzige Mittel ist, eine gleiche Vertheilung der Steuer herbeizuführen", und der Abgeordnete Camphausen fügte hinzu: „Der Steuerpflichtige hat bei der Einkommensteuer nicht wie bei der indirekten Steuer seinen Beitrag zu den Staatslasten zu entrichten, ohne daß er es weiß, beinah ohne daß er es fühlt. Er wird darauf hingewiesen, sich seine Pflichten im Staate klar zu machen ..., er wird dazu genöthigt, indem er sich selbst und zwar in jedem Jahre klar machen muß, warum, wieviel und weshalb er Steuern entrichten muß nicht im fremden, sondern im eigenen Interesse. ... Ich erblicke in dem Muthe, die Selbstbesteuerung einzuführen, nicht nur die Folge der politischen Bildung, sondern auch das Mittel, die politische Bildung zu vermehren."

Seitdem hat das Hamburger Einkommensteuergesetz die Selbstdeclaration uneingeschränkt aufgenommen, die Majorität der sächsischen Commission sich für dieselbe ausgesprochen. In Preußen aber kennt man bis heute nur eine sehr beschränkte Declarationspflicht im Reclamationsverfahren (§§ 26 und 33 des Gesetzes) und hegt unseres Erachtens eine etwas übertriebene Besorgniß vor „lästigem Eindringen in Privatverhältnisse". Man sollte sie überwinden, wo ohne dieses die Gerechtigkeit in der Steuervertheilung unerreichbar erscheint. Die Erfüllung der Forderung, durch Einführung der Selbstdeclaration für die Schätzung des Kapitaleinkommens eine zuverlässigere Unterlage zu schaffen, wird übrigens dadurch erheblich erleichtert werden, daß man die Selbstdeclaration zunächst nur für die Einkommensteuerpflichtigen obligatorisch macht. Kapitalbesitz ist bei den Censiten mit unter 1000 Thlr. Einkommen verhältnißmäßig schwach vertreten und die Durchführung der Selbstdeclaration würde bei der außerordentlichen Zahl der Censiten, wenn die Meisten sich auch auf eine Vacat=Anzeige zu beschränken hätten, zu unendlichen Weitläufigkeiten führen. Es würde genügen, wenn man den Einschätzungsorganen für die oberen Klassensteuerstufen die Befugniß beilegte, in geeignet erscheinenden Fällen Angaben über etwaiges Zinsen=Einkommen zu fordern. — Sollte die Erfahrung ergeben, daß die Ausdehnung der allgemeinen Declarationspflicht bis in niedrigere Klassensteuerstufen, etwa bis zu 700 oder 600 Thlr. Einkommen hinab, nothwendig und durchführbar sei, so kann damit später immer noch vorgegangen werden. Zunächst möchten wir das Princip, wenn auch in beschränkter Weise, in einem größeren Staate zur Anwendung gebracht sehen, in der festen Ueberzeugung, daß dieser Appell an das Pflichtgefühl bei der großen Mehrzahl der Steuerpflichtigen nicht fruchtlos sein würde.

Soweit die Selbstdeclaration eingeführt ist, folgt mit Nothwendigkeit, daß den, nöthigenfalls eidlich zu erhärtenden eigenen Angaben des Censiten ein hervorragendes Gewicht beigelegt werden muß, so lange nicht ein erheblicher Verdacht vorliegt, daß die Angaben unrichtig sind. Um der Wahrheit nachzukommen, dürften die Befugnisse ausreichen, welche schon jetzt den preußischen Einschätzungs=Commissionen, insbesondere in der Reklamationsinstanz, beigelegt sind, als: Kenntnißnahme von den Verhandlungen der freiwilligen Gerichtsbarkeit und den Hypothekenbüchern, das Recht Zeugen, äußersten Falls eidlich, durch das Gericht vernehmen zu lassen, und das Recht, von dem Censiten Vorlegung der in seinem Besitz befindlichen Urkunden, Hypothekenbücher u. s. w. zu verlangen. Auch die Organisation der preußischen Einschätzungskommissionen hat sich im Allgemeinen bewährt. Die Mitglieder empfangen ihr Mandat durch Wahlen der Gemeinden resp. der Kreis= und Provinzialvertretungen; nur die Vorsitzenden der für die Kreise resp. Bezirke bestehenden Kommissionen sind Staatsbeamte, während den Gemeindekommissionen für die Klassensteuereinschätzung der Ortsschulze präsidirt. Hier wird indeß die nöthige Mitwirkung von Organen des Staats durch die Vorprüfung der Einschätzungen seitens des Landraths und durch die Festsetzung der Klassensteuerrollen Seitens der Regierungen in ausreichendem Maße ersetzt. Daß für die Einschätzung der zahlreicheren klassensteuerpflichtigen Bevölkerung, kleinere, für die Einschätzung der Einkommensteuerpflichtigen, größere Bezirke gebildet werden, ist ganz in der Ordnung; daß aber jene in der Regel nur eine einzelne, oft sehr kleine Gemeinde umfassen, in welcher die Vetterschaften leicht eine große Rolle spielen und die Kräfte für eine objective Einschätzung oftmals fehlen, hat zu einer allzustarken Einmischung der Regierungen in das Schätzungsverfahren geführt. Wenn man dem neuerdings entgegengetreten, so hätte man wohl gut gethan, auch auf eine Vergrößerung der Einschätzungsbezirke bis auf etwa 1000 Seelen Bedacht zu nehmen. Die zu bildenden Amtsbezirke führen vielleicht in Zukunft zu einer solchen Maßregel. — Einer Verstärkung des Beamtenelements in den Kommissionen mag ich nicht das Wort reden. Ich glaube mich auf die Erfahrung berufen zu dürfen, daß auch ohnedies die Kommissionen immer objectiver und strenger schätzen lernen. Nicht hoch genug aber ist der Vortheil anzuschlagen, welcher, bei der möglichst selbstständigen Thätigkeit der Besteuerten selbst, in der Stärkung des staatlichen Pflichtbewußtseins einerseits und in der Fernhaltung der Staatsbehörde von dem Vorwurf fiskalischer Einmischung liegt. Es genügt, wenn dem Vorsitzenden der unterinstanzlichen Kommissionen die Berufung wegen zu niedriger Einschätzung an die höhere Instanz ebensowohl zusteht, wie dem Censiten die Reklamation oder der Rekurs wegen Ueberbürdung.

Der Vorwurf der Fiskalität, welchen man den betheiligten Regierungsorganen zu machen, nur allzugeneigt ist, wird allerdings ausgeschlossen, wenn der Betrag, der durch die Einkommensteuer aufgebracht werden soll, im Voraus gesetzlich fixirt oder durch den Staatshaushaltsetat festgesetzt ist; denn damit wird das Steueraufkommen von der größeren oder geringeren Strenge der Einschätzung unabhängig. Ja, es liegt dann eine größere, nach allen Seiten hin gleich wirkende Strenge der Einschätzung sogar im Interesse der Steuerpflichtigen. Denn was dem Einen durch Milde erspart wird, das muß der Andere mit übertragen, um die gesetzlich fixirte Gesammtsumme zu erfüllen. Diesem Bedürfniß der Gleichmäßigkeit der Einschätzung, der Festhaltung übereinstimmender Einschätzungsgrundsätze im ganzen Lande, welche ohnedies durch die Gerechtigkeit geboten ist, kann nur durch eine Centralinstanz (sowohl für das Klassensteuer- als für das Einkommensteuer-Einschätzungsverfahren, für welches letztere sie bis jetzt in Preußen fehlt) abgeholfen werden. Hier haben alle Rekurse und Berufungen zusammenzulaufen und ist das Einschätzungsverfahren zu kontrolliren. Daß auch Laien in dieser Centralinstanz Sitz und Stimme erhalten, halte ich so lange für wünschenswerth, als das Sollaufkommen der Steuer nicht gesetzlich fixirt, der Verdacht der Fiskalität gegen eine rein bureaukratische Behörde also nicht ausgeschlossen ist. Aber auch nach der Fixirung behält die Betheiligung sachkundiger Laien Werth, weil denselben über das, in den einzelnen Landestheilen beobachtete Verfahren, in vielen Fällen eine bessere Kenntniß beiwohnen wird, als aus den Berichten der Unterbehörden geschöpft werden kann. Ich hätte deshalb gewünscht, daß das preußische Abgeordnetenhaus den in dem neusten Reformvorschlag der Regierung in Aussicht genommenen Versuch, eine solche Centralkommission unter dem Vorsitz eines hohen Finanzbeamten aus gewählten Mitgliedern des Herrenhauses und des Hauses der Abgeordneten, zu bilden, nicht ohne Weiteres von der Hand gewiesen hätte.

Ad 4. Eine Einkommensteuer, welche unter Anlehnung an die in Preußen bestehenden Gesetze, sich die im Vorstehenden vorgeschlagenen Reformen aneignete, dürfte diejenigen Garantien einer nach heutigen Begriffen und nach unseren wirthschaftlichen Verhältnissen gerechten Steuervertheilung bieten, welche sie fähig macht, bei steigendem Bedürfnisse auch gesteigerte Erträge oder den Ersatz für solche Spezialsteuern zu liefern, welche als fehlerhaft oder als ein Hemmniß wirthschaftlichen Aufschwungs, erkannt sind. Daß beispielsweise die Grundsteuer in ihrer heutigen Höhe und als Unterlage für immer steigende Communalzuschläge als solches Hemmniß wirkt, ist von Wissenschaft und Praxis vielfach anerkannt worden. Von ihr darf unzweifelhaft gesagt werden, daß sie auf die landwirthschaftliche Produktion als Erhöhung der Herstellungskosten wirkt, dieselbe in der Konkurrenzfähigkeit gegenüber dem Auslande schwächt und manche Kräfte von ihr fern hält, welche sich minderbesteuerten Produktionszweigen zuwenden. Soweit durch Ueberweisung der Grundsteuer an die kommunalen Verbände oder durch ihre Ermäßigung, Ausfälle in der Staatskasse entstehen, würde der Ersatz ohne Druck in Zuschlägen zu einer in Veranlagung und Erhebung verbesserten Einkommensteuer gefunden werden können. — Was aber insbesondere die indirecten Steuern betrifft, so erhellt bereits aus früher Gesagtem, daß sie im Allgemeinen als eine nothwendige und zweckmäßige Besteuerungsweise anerkannt werden. Nur ist die Forderung zu stellen, daß sie nothwendige Lebensbedürfnisse von Steuer frei lassen und sich auf die Besteuerung entbehrlicher aber allgemein gebrauchter Artikel beschränken. Es braucht kaum gesagt zu werden, daß die Mahl= und Schlachtsteuer, wo sie noch besteht, unbedingt zu beseitigen ist. Dasselbe gilt von der Salzsteuer, von welcher seit lange nachgewiesen ist, daß sie auf den unteren Bevölkerungsschichten unverhältnißmäßig lastet. Von finanziell untergeordneterer Bedeutung ist die Kalender= und Zeitungsstempelsteuer. Ohne die besonderen Gründe zu wiederholen, welche in der Presse und in den gesetzgebenden Versammlungen für ihre Beseitigung, wie für ihre zeitweilige Beibehaltung, geltend gemacht sind, schließe ich mich der Ansicht an, daß die Tage auch dieser Steuerarten gezählt sind. Als geeignete Objecte der indirecten Besteuerung bleiben also vorzugsweise die Kolonialwaaren, der Zucker, die Spirituosen und der Tabak übrig. In ihnen würde ich aber auch den wenigstens theilweisen Ersatz für die Ausfälle suchen, welche aus der Beseitigung der Salzsteuer, der Kalender= und Zeitungsstempelsteuer entspringen. Insbesondere halte ich die Tabakssteuer der Steigerung für fähig und zwar in Formen, welche weder den inländischen Tabaksbau gefährden, noch eine unverhältnißmäßige Vertheuerung der geringeren Tabaksforten herbeiführen. Es darf in dieser Beziehung auf die Resolutionen hingewiesen werden, welche der deutsche Landwirthschaftsrath in seiner Februarsitzung dieses Jahres gefaßt und dem Reichskanzleramt eingereicht hat. Das Verhältniß der indirecten zu den directen Steuern ist in Preußen als ein günstiges anzusehen und ich bin nicht der Meinung, daß es durch eine Steigerung der Erträge der directen Steuern auf Kosten der indirecten zu alteriren sei.

Im Uebrigen glaube ich keiner Entschuldigung zu bedürfen, wenn ich mich streng an die gestellte Aufgabe haltend, auf die sonstigen die Steuerpolitik beschäftigenden Fragen, die Besteuerung der Actiengesellschaften, Börsensteuer, die Stempel= und andere gebührenartige Abgaben nicht eingehe. Einzelne Stempelabgaben sind ja außerordentlich drückend, aber sie sind so sehr eine „berechtigte Eigenthümlichkeit Preußens", daß sie ein allgemeines Interesse nicht in Anspruch nehmen können. Unser Einkommensteuergesetz aber darf ein über die Grenzen des engeren Vaterlandes hinausgehendes Interesse fordern. Es hat den außerordentlichen Vorzug, daß es mit der Zeit geworden, nicht wie das französische directe Steuersystem, welches den Namen eines Systemes gar nicht verdient, an einem bestimmten Punkt verknöchert ist. Es allmählich weiter bildend, darf man die Mühe nicht scheuen, oftmals an demselben Punkt wieder anzusetzen.

Im März 1873.

Gutachten
über die directe Personalbesteuerung in Deutschland

erstattet von

Constantin Rößler.

Von dem Ausschuß der im October 1872 zu Eisenach versammelten volkswirthschaftlichen Conferenz aufgefordert zur Erstattung eines Gutachtens über die zweckmäßige Gestaltung der directen Personalbesteuerung in Deutschland — auf dem staatlichen Boden des Reiches oder der einzelnen Länder — kommt der Unterzeichnete im Folgenden dieser Aufforderung nach.

I.

Die Frage I. 1. ist zum Haupttheil verneinend beantwortet, wenn die Frage I. 2. bejahend beantwortet wird. Wir bejahen diese Frage und wenden uns sogleich zur Begründung des Ja. Wir sagen: es giebt ganze Gesellschaftsschichten, welche von jeder directen Personalbesteuerung frei zu lassen sind. Der Grund für diesen Satz liegt auf der Hand und die Beobachtung, welche denselben an die Hand giebt, ist nichts weniger als neu. Es erscheint hart für den Steuerpflichtigen, ein geringes, vielleicht kaum den nothdürftigen Lebensunterhalt gewährendes Einkommen durch Beschlagnahme eines Theiles davon noch zu schmälern. Diese Schmälerung erscheint noch härter durch den Umstand, daß gerade die niedrigsten Einkommen, schon kaum den nothwendigen Lebensunterhalt gewährend, überdies in der Regel unsicherer Natur sind und schwankend in Bezug auf ihren Betrag sowohl als auf ihre Regelmäßigkeit.

Wenn die Ausdehnung der directen Besteuerung auf alle Schichten der Gesellschaft für die untersten derselben nach dem Gesagten eine fühlbare

Härte enthält, so führt dieselbe Ausdehnung auf der anderen Seite für die Staatsverwaltung unerträgliche Schwierigkeiten herbei, sowohl in Bezug auf die Betragsermittelung der niedrigsten Einkommen, als in Bezug auf die regelmäßige Erhebung der Steuer und namentlich auch in Bezug auf das im Auge Behalten der steuerpflichtigen Bevölkerung, deren Elemente in diesen Stufen vorzugsweise fluktuirende, den Wohnort innerhalb wie außerhalb des Staates häufig wechselnde sind.

Diese beiden Gründe gegen die Ausdehnung der directen Besteuerung auf alle Schichten der Gesellschaft sind so durchschlagend, daß diese Ausdehnung nur befürwortet werden kann, wenn Gründe ihr zur Seite stehen, welche die mit der Ausdehnung verbundene Schwierigkeit, die an sich niemals zu beseitigen ist, überwiegen durch die Vortheile die sie mit sich führen.

Wir begegnen einer solchen Befürwortung, und dieselbe kann sich zunächst auf die gewichtige Thatsache stützen, daß im preußischen Staate die Ausdehnung der directen Besteuerung auf alle Klassen der Staatsbürger noch in diesem Augenblick und bis dahin, wo der König die im Abgeordnetenhaus und Herrenhaus beschlossene Reform der Klassensteuer genehmigt und die Vollziehung derselben anbefohlen haben wird, geltendes Recht ist. Nach dem Schluß der Befreiungskriege zwang die Nothwendigkeit der Wiederherstellung der Finanzen den preußischen Staat zur Einführung jenes harten Abgabegesetzes vom 30. Mai 1820. Der von den beispiellosesten Bedrängnissen und Anstrengungen erschöpfte Staat besaß bei weitem nicht die genügende Zahl wohlhabender Bürger, um diesen allein die Opfer aufzuerlegen, deren der Staat bedurfte. Der Staat mußte sich an alle Bürger ohne Unterschied wenden, die überhaupt erwerbsfähig waren. Vielseitig ist in dieser Allgemeinheit der directen Besteuerung das Correlat der allgemeinen Wehrpflicht gesehen worden. Wie in dieser ein großes sittlich politisches Erziehungsmittel heutigen Tages fast allgemein erblickt wird, so glaubt man dasselbe Vertrauen in die allgemeine Steuerpflicht setzen zu sollen. Ein besonderer Umstand tritt hinzu, der allgemeinen directen Steuerpflicht augenblicklich in Deutschland zahlreiche Fürsprecher zu verschaffen. Es werden bald zwei Jahrzehende sein, daß Deutschland einem der denkendsten seiner Staatslehrer die Wahrheit verdankt, deren practische Befolgung allein eine Quelle politischer Gesundheit und Ueberlegenheit würde, daß alle politischen Rechte nichts weiter sein dürfen als die Folgen erfüllter Pflichten. Schon die schnelle theoretische Aufnahme dieser Wahrheit ist ein hoffnungsreiches Zeugniß für die heutige Anlage des deutschen Volkes. Es ist nun aber begreiflich, daß diejenige Partei, welche das Heil des Staates in der weitesten Ausdehnung der politischen Rechte sucht, unter dem Einfluß jener Wahrheit, dem auch sie sich nicht entziehen zu wollen oder zu können scheint, festhält an der möglichst weiten Ausdehnung der politischen Pflichten, auch bis dahin, wo die Uebernahme dieser Pflichten vielleicht zu einer scheinbaren wird.

Die Correlation der allgemeinen Wehrpflicht mit der allgemeinen Steuerpflicht beruht auf einer falschen Voraussetzung. Die allgemeine Wehrpflicht ist nicht schlechthin als eine Leistung an den Staat aufzufassen. Denn während der Ableistung der Wehrpflicht empfängt der Pflichtige vom Staat Löhnung und Unterhalt. Dies ist allerdings anders bei den einjährig Freiwilligen, aber diese bilden einen sehr geringen Theil der Wehrpflichtigen. Außer der vom Staat dem großen Theil der Wehrpflichtigen gewährten Löhnung und Verpflegung kommt auch noch die Ausbildung in Betracht, welche den Wehrpflichtigen zu Theil wird. Denn diese Ausbildung ist ein Capital, welches nicht nur der Staat im Kriegsfalle für sich nutzbar macht, sondern welches dem ausgebildeten Manne für das ganze Leben in allen Verhältnissen desselben zu Gute kommt. Der freiwillige Militärdienst ist zu betrachten als Verzicht auf die für die Ableistung der Wehrpflicht vom Staat gewährte Gegenleistung, wofür eine Erleichterung des Modus der Ableistung stattfindet. Man könnte uns einwenden, die Gegenleistung oder Entschädigung von Seiten des Staats für die Inanspruchnahme der Wehrpflicht könne höchstens für den Heerdienst im Frieden als vorhanden angenommen werden, aber nicht im Kriege. Hier stehe das gebrachte Opfer durch die Aufsichnahme schwerer Beschädigung und Lebensgefahr außer Verhältniß zu der vom Staate gewährten Entschädigung. Dieser Einwand ist indeß ohne Kraft, wenn er die Correlation der Wehrpflicht mit der Steuerpflicht beweisen soll. Sicherlich tritt im Kriege zu Tage, daß der Heerdienst weder blos ein auferlegtes Bildungsstadium noch eine auf Seiten des Staates durch Gewähr von Unterhalt, Löhnung und Ausbildung erkaufte Leistung ist. Im Kriege tritt zu Tage, daß der Heerdienst allerdings die Uebernahme einer großen Pflicht in sich schließt, deren Lohn nur im sittlichen und vaterländischen Bewußtsein gefunden werden kann. Aber weil diese Pflicht allen waffenfähigen Männern eines gewissen Lebensalters auferlegt ist, so folgt gerade daraus, daß die Steuerpflicht nicht auf alle Einkommenstufen zu legen ist. Unter und über einem gewissen Lebensalter giebt es keine Wehrpflicht, und unter einem gewissen Grad körperlicher Tüchtigkeit ebenfalls nicht. Man hat mit Recht den zuweilen aufgestellten Gedanken verworfen, die in das wehrpflichtige Alter getretenen, aber nicht dienstfähigen Männer mit einer besonderen Steuer zu belegen. „Ein jeder wird besteuert nach Vermögen," läßt Schiller einen seiner Helden gegenüber einer gefährlichen Pflicht ausrufen. Die Wahrheit ist ebenso alt als unbestreitbar, von der Erfahrung wie von der Logik bestätigt. Und der Sinn dieser Wahrheit ist nicht etwa der, daß nur der Zahlungsmodus verschieden ist. Es giebt auch Solche, die gar nichts steuern, aber sie sind nicht die beneidenswerthen, und auch nicht die beneideten, wo der Werth der Lebensloose ernsthaft gewogen wird. Sowie die Wehrpflicht zum schweren Dienst im Felde nur den aufruft, der grade jetzt in einem gewissen Alter steht und gerade jetzt die körperliche Kraft besitzt, so soll die Steuerpflicht auf ihrem Gebiet verfahren. Sie soll nur den Steuerfähigen zur Erhaltung des Staats aufrufen, wie die Wehrpflicht nur den Waffenfähigen. Alle müssen sich zur Prüfung stellen, ob sie wehrfähig sind. Aber nicht alle werden wehrfähig befunden. So sollen auch alle geprüft werden, ob sie steuerfähig sind. Aber was bei der Wehrpflicht jeder begreift, daß dieser Pflicht nicht alle genügen können, das wird bei der Steuerpflicht verkannt. Man glaubt, daß jeder steuern könne, und dieser Glaube rührt daher, weil man jeden Steuerbetrag für hinreichend erachtet, der Steuerpflicht zu genügen. Bei der Wehrpflicht liegt jedem vor Augen, daß ein Leistungsbetrag unter einem gewissen Maaße die Gesammtleistung vielmehr beeinträchtigen, anstatt dieselbe herzustellen dienen würde. Nun wohl, mit der Steuerpflicht verhält es sich genau ebenso. Es giebt einen Steuerbetrag, dessen Einziehung so unsicher und für die Staatsverwaltung so beschwerlich ist, daß die Mühewaltung, die Opfer an Zeit und Arbeit, welche aus der Einziehung solcher Beträge erwachsen, größer sind, als der Antheil dieser Beträge an der Aufbringung des Staatsgeldbedarfs. Hier also liegt die Grenze der Steuerpflicht.

Es könnte jemand, dieser Beweisführung zustimmend, uns Mangel an correcter Argumentation vorwerfen. Es könnte jemand sagen: Ihr schicktet Euch an zu beweisen, daß die Steuerpflicht und die Wehrpflicht nicht correlativ sind; beim Antreten dieses Beweises ist Euch die Einsicht begegnet, daß beide Pflichten in der Forderung des Fähigkeitsausweises gleich allgemein, in der thatsächlichen Leistung ungefähr gleich beschränkt sind. Ihr habt also bewiesen, daß keine dieser Pflichten in der Leistung allgemein erfüllbar ist; aber um so mehr leuchtet ihre beiderseitige Correlation ein. — Diesem Einwurf hätten wir zu erwidern, daß wir Akt nehmen von dem Zugeständniß: thatsächlich kann weder die Steuerpflicht noch die Wehrpflicht allgemein geleistet werden. Aber indem beide Pflichten bei der thatsächlichen Leistung sich als beschränkte herausstellen, erstrecken sie sich zugleich thatsächlich über ganz verschiedene Individuen. Es bleibt also dabei, daß ihre Correlation ein Irrthum ist. Die beiden Pflichten haben nur den gemeinschaftlichen Charakter, daß ihre Auferlegung sich lediglich richtet nach der Leistungsfähigkeit und nicht beschränkt wird durch irgend welche Privilegien innerhalb des Kreises der Staatsbürger. Die Anforderung geht bei beiden Pflichten von dem Grundsatz der Gleichheit des Rechtes aus, und macht nur Halt vor der Ungleichheit des natürlichen Vermögens, welcher auf dem Gebiete der Besteuerung die auf dem natürlichen Vermögen allerdings nur zum Theil beruhende Ungleichheit des wirthschaftlichen Vermögens gleichgestellt wird.

Wir haben die Grenze der Steuerpflicht an demjenigen Punkte des Steuerbetrags gefunden, wo die Einziehungskosten größer werden als der dem Staate erwachsende Nutzen. Die Grenze der Steuerpflicht ist so zunächst nur vom Standpunkt des Staates aus gezogen. Aber es ist anzunehmen, daß diese Grenze zusammenfallen wird mit derjenigen, welche vom Standpunkt der Pflichtigen zu ziehen ist. Man kann vom Standpunkt des Pflichtigen die Grenze der Steuer zu ziehen versuchen nach dem Brutto-Einkommen oder nach dem Netto-Einkommen des Pflichtigen. Man kann das Netto-Einkommen als Ueberschuß über die Kosten des nothdürftigen oder unentbehrlichen Lebensunterhaltes zu bestimmen versuchen. Man kann vorziehen, sich an das Brutto-Einkommen zu halten, und bei einer geringen Höhe desselben voraussetzen, daß ein Netto-Einkommen überhaupt nicht stattfindet, und danach annehmen, daß man an die Grenze der Steuerpflicht gelangt ist. Dieser Weg wird ziemlich dasselbe Resultat ergeben, wie der, wo man den Steuerbetrag zu gering findet, um die Kosten und Mühe der Einziehung auf denselben zu verwenden. Es kann bei beiden Wegen begreiflicherweise die Aufgabe nicht sein, mit peinlicher Genauigkeit jeden individuellen Fall zu ermitteln. Mit einer solchen wird man sich auf beiden Wegen im Kreise drehen: man würde, um die Fälle zu ermitteln, wo auch die kleinen Beträge ohne Mühe eingehen, auch die schwierigen Fälle mit umfassen müssen; und man würde ebenso, um die Grenze individuell zu erreichen, wo die Fähigkeit der Steuerleistung noch vorhanden ist, alle Fälle ohne Ausnahme erproben müssen. Es kann sich also rationeller Weise nur um einen Ueberschlag, um eine Gesammtschätzung der Fähigkeit bei Ziehung der Steuergrenze handeln: mit anderen Worten, um ein allgemeines Maaß des Einkommens, an welchem die Steuerpflicht still steht. Die Bestimmung dieses Maaßes kann nur auf Grund der Erfahrung unter bestimmten Verhältnissen des wirthschaftlichen Lebens erfolgen. Das in der gegenwärtigen Landtagssession von der preußischen Staatsregierung vorgelegte Gesetz über die Reform der Klassensteuer und der Einkommensteuer zieht die Grenze der Steuerpflicht bei einem Jahreseinkommen von 140 Thlr. Uns scheint diese Grenze zu niedrig gezogen. Wir glauben, daß die richtige Grenze nach dem heutigen Stande des wirthschaftlichen Lebens, nach der Leistungskraft des Geldes u. s. w. schon bei einem Einkommen von 300 Thlr. zu ziehen ist. Aus den sehr interessanten Nachweisungen, welche die preußische Regierung ihrer Vorlage beigegeben hatte, ergiebt sich, daß von dem Soll-Aufkommen der Klassensteuer für das Jahr 1871 im Betrag von 13,457,242 Thlr. auf die Unterstufe 1a 2,537,417 Thlr. entfielen, 18,9 Procent. Von der Gesammtzahl der zur Aufbringung jenes Soll Besteuerten, nämlich von 7,759,251 Personen entfielen auf die Unterstufe 1a 5,074,835 steuerpflichtige Personen. Die steuernden Haushaltungen sind hierbei je mit 2 Personen in Ansatz gebracht. Kommen dieselben auch nur mit einer Person in Ansatz, so betragen die Steuerzahler der Unterstufe 1a immer noch 3,639,123 Personen, dagegen in allen übrigen Stufen zusammen 6,343,228 Personen. Im ersteren Falle betragen die Steuerzahler der niedrigsten Stufe 65 Procent der Gesammtzahl, bei dem zweiten Ansatze immer noch 57 Procent. Wie die Nachweisung ferner ergiebt, hat die nach dem zweiten Ansatz berechnete, in der niedrigsten Stufe steuernde Personenzahl, welche also über die Hälfte der Gesammtzahl beträgt, für das Jahr 1871 aufgebracht 2,339,574 Thlr.

dagegen haben die in sämmtlichen übrigen Stufen steuernden Personen die Summe von 10,568,962 Thlr. aufgebracht. Von den Mahnungen und Executionen ist der auf die niedrigste Stufe entfallende Antheil bei weitem überwiegend. Aber die Mahnungen und Executionen sind es nicht allein, welche die Kosten der Steuererhebung verursachen. Die ganze Controle ist mit in Betracht zu ziehen, die Veranlagung der Steuerbeträge, die eingehen sollen, und die Verrechnung derjenigen, die eingegangen sind. Es ist am Ende klar genug, daß die Steuererhebung, selbst die gleiche Pünktlichkeit, Bereitwilligkeit und Zahlungsfähigkeit der Steuerpflichtigen vorausgesetzt, desto mehr Kosten verursachen muß, je mehr die Steuer aus kleinen Beträgen zusammengesetzt ist.

Auch kann man nicht die Grenze der Steuerpflicht da erst ziehen wollen, wo die Kosten der Erhebung größer werden, als der Brutto-Ertrag der Steuer. Es ist ein bekannter fehlerhafter Grundsatz einseitig fiscalischer Steuerpolitik, jede Abgabe für gerechtfertigt zu halten, die noch einen Nettoertrag bringt. Bei der directen Besteuerung kommen überwiegend die moralischen Folgen in Betracht. Die wirthschaftlichen Nachtheile lassen sich bestreiten, wenn man sich die Steuerbeträge den kleinsten Einkommenstufen angepaßt, also von minimaler Größe denkt. Anders steht es aber, wie gesagt, mit den moralischen Folgen, und diese werden den kleinen Einkommenstufen gegenüber nachtheilig sein, gleichviel in welchem von beiden Extremen moralischer Stimmung sie bestehen: in Leichtsinn oder in Verbitterung. Immer wird es eine extreme Stimmung sein, mit welcher auf den niedrigsten Einkommenstufen die directe Steuer entrichtet wird. Der Leichtsinnige wird seinen Minimalsatz dahin geben, sowie er sich überhaupt von jedem Minimalbesitz leichtsinnig trennt, wenn er ihn grade in der Tasche hat. Er ist an dauernden Besitz und geordneten Gebrauch desselben nicht gewöhnt, er lebt beständig an der Grenze des moralischen und wirthschaftlichen Unterganges. Dieser Leichtfertigkeit steht das leidenschaftliche Anklammern auch an den jeweiligen Minimalbesitz gegenüber, mag dieses Anklammern aus dem Trieb nach einer geordneten Existenz oder aus der Befriedigung einer besonderen Leidenschaft mit allen erreichbaren Mitteln hervorgehen. In beiden Fällen erzeugt die Abforderung auch nur eines minimalen Betrages Haß und Erbitterung gegen den Staat und die Grundlage der Gesellschaft: Gefühle deren Verbreitung auch nur in einer beschränkten Schicht ein zu hoher Preis ist für die angeblichen Vortheile directer Besteuerung der niedrigsten Einkommenstufen.

Die Vertheidiger dieser Besteuerung haben zuweilen verlauten lassen, daß ja die löbliche Gewohnheit an die Zahlung einer directen Steuer in Preußen wenigstens allen Volksklassen bereits anerzogen sei. Es liege daher in der Befreiung gewisser Gesellschaftsschichten von der directen Steuer für Preußen ein Rückschritt. Diese Behauptung beruht indeß auf einem Irrthum. Die Klassensteuer umfaßte allerdings bisher alle erwerbsfähigen Personen ohne Unterschied des Einkommens. Die bekannte und viel besprochene Folge dieses Umfangs der Klassensteuer ist aber gewesen, daß die Klassensteuer in einer großen Anzahl Städte der Monarchie nicht eingeführt werden konnte und durch eine indirecte Steuer der schädlichsten Art, die vielberufene Mahl= und Schlachtsteuer ersetzt werden mußte. Grade die Erkenntniß, daß die gänzliche Beseitigung der Mahl= und Schlachtsteuer nunmehr um jeden Preis und ohne Aufschub in Angriff genommen werden müsse, hat zu der Befreiung gewisser Gesellschaftsschichten von der Klassensteuer geführt als zur nothwendigen Vorbedingung der allgemeinen Einführung dieser Steuer. Die principielle Frage, ob an der den ganzen erwerbsfähigen Theil der Gesellschaft umfassenden Ausdehnung der directen Besteuerung festzuhalten sei, hat dabei wiederum zur Erörterung kommen müssen. Sobald es sich um den Grundsatz handelt, wird der politische Gesichtspunkt entscheidend. Man verlangt die allgemeine Steuerpflicht als Correlat der allgemeinen Rechte des Staatsbürgerthums. Es ist deutsche Gewissenhaftigkeit, zu begreifen, daß, wenn die Einsicht einmal ausgesprochen ist: ohne Pflichten keine Rechte; die Freilassung von jedem regelmäßigen für den Staat zu bringenden Opfer auch die politischen Rechte beschränken muß. Wir Deutsche sind nicht derart, daß jemand in gutem Glauben den Satz aussprechen könnte, es sei schon ein hinlängliches Opfer, wenn der Bürger sich herbeiläßt, den Staat regieren zu helfen ohne Arbeit und ohne Abgabe: ein hinlängliches Opfer der dargebrachten Einsicht und der Zeit. Dergleichen mit Ueberzeugung zu behaupten, gelingt nur den Franzosen. Bei uns wird es höchstens nachgesprochen, aber mit der Gefahr, daß sich der Sprecher selbst auslacht. Daher kommt es, daß die allgemeine Steuerpflicht bei uns verhältnißmäßig viel Fürsprecher hat.

Indessen ist doch leicht einzusehen, daß es sich hierbei um bloßen Schein handelt. Oder ist es etwas anderes, wenn der minimale Steuerbetrag und der höchste dieselben Rechte gewähren soll? Man glaubt diese Gleichheit gerechtfertigt zu haben, wenn man sagt: es kommt nur darauf an, daß jeder verhältnißmäßig dasselbe leistet, indem er von seinem Einkommen oder seiner sonst wie bestimmten Steuerkraft denselben Theil abgibt, wie alle anderen. Diese Argumentation ist aber eine vollkommen trügerische. Es ist nicht dasselbe, den zehnten Theil abzugeben von 10 Thlr. oder 10 Millionen Thalern. Mit der Größe des Vermögens oder des Einkommens verändern sich die menschlichen Zwecke nicht nur quantitativ, sondern auch qualitativ. Der Werth dieser Zwecke richtet sich allerdings vor Allem nach der Beschaffenheit der Individuen und nicht blos nach der Größe des Einkommens. Sicher ist aber, daß die werthvollsten Zwecke auf den niedrigsten Stufen des Einkommens kaum erstrebt werden können. Es kann Jemand, indem er einen Theil eines geringen Einkommens opfert nur zu einigen physischen Entbehrungen gezwungen sein. Ein anderer kann, indem er von einem größeren Einkommen einen verhältnißmäßig geringeren Theil opfern muß, die Möglichkeit eines höheren Lebensaufschwunges verlieren. Aber möglicherweise kann auch der Erste von dem geringeren Einkommen die Pfennige verlieren, die er zu einem heiligen Zweck verwendete. Aus dem allen folgt nur, daß die verhältnißmäßige Bedeutung der Opfer, welche der Staat verlangen muß, durch die bloße arithmetische Gleichheit des Divisors, wenn eine gleichmäßige Ermittelung des Brutto-Einkommens überall möglich wäre, doch nicht zu erreichen stände. Wenn bei der Verleihung der politischen Rechte die Steuerpflicht eine Grundlage bilden soll, so kann das Maaß der Steuerleistung unmöglich in dem Divisor des Einkommens gesucht werden, möchte man nun das Brutto-Einkommen oder das Netto-Einkommen zu Grunde legen.

Das Wahlrecht aller mündigen Männer, die Staatsbürger sind und denen die Ausübung des Bürgerrechtes nicht durch Strafertenntniß oder durch gesetzliche Hindernisse der Dispositionsfähigkeit entzogen ist, braucht durch die Beschränkung der Steuerpflicht vorläufig nicht erschüttert zu werden. Denn die Steuerpflicht allein kann niemals eine ausreichende Grundlage der Abmessung politischer Rechte sein. Dazu kann sie nur werden in Verbindung mit dem persönlichen freiwilligen Staatsdienst. Wir sind noch lange nicht soweit, das Wahlrecht auf diesen Staatsdienst zu basiren. Die durchschlagende Nothwendigkeit des allgemeinen Wahlrechts liegt darin, daß alle Beschränkungen desselben theoretisch willkührlich und practisch nutzlos sind. Das Verdienst des allgemeinen Wahlrechts liegt vielleicht darin, den Nonsens des Wählens überhaupt zur Erkenntniß zu bringen. Der Fortschritt über das allgemeine Wahlrecht hinaus kann nur in einer Gestaltung des politischen Lebens liegen, wo die Wahlen überflüssig sind. Dieser Gedanke ist hier nicht weiter zu verfolgen. Es folgt aber aus der Andeutung desselben, daß wir nicht daran denken, durch die Beschränkung der directen Steuerpflicht das allgemeine Wahlrecht beseitigen zu wollen.

Jene Beschränkung ist aber eine Ehrensache des Staates. Der Staat soll nur von denjenigen seiner Bürger nehmen, die im Stande sind, so zu geben, daß die Gabe für das Gesammtresultat in Betracht kommt; die ferner im Stande sind, so zu geben, daß sie nicht einen elementaren Lebenszweck widerwillig schädigen müssen, oder darin bestärkt werden, denselben leichtsinnig zu vernachlässigen; die ferner im Stande sind, so zu geben, daß sie den Werth, den der Betrag der Gabe für die höheren Zwecke des Daseins haben könnte, ermessen, aber auch im Stande sind, zu ermessen, welche Förderung diese höheren Zwecke durch den Staat empfangen, der ihre vornehmste Bedingung bildet.

Man erblickt in der Steuerpflicht ein Mittel, die Theilnahme für den Staat zu wecken. Aber diese Theilnahme kann sehr schlechter Art sein, wenn sie blos in dem gedankenlos leidenschaftlichen Verlangen besteht, den Druck des Staates abzuschütteln. Der Staat soll sich nur an diejenigen Bürger wenden, die moralisch und wirthschaftlich frei genug dastehen, um die Wohlthaten des Staates unbefangen erwägen zu können. Dies geschieht nicht von solchen, die den Staat nur als Schranke fühlen. Freilich sollte Niemand so dem Staate gegenüber stehen. Aber die untersten Stufen der wirthschaftlichen Kraft lassen auch dem sittlich Gesunden nicht die geistige Kraft übrig, sich in fruchtbarer Weise mit dem Allgemeinen zu beschäftigen. Es giebt allerdings einen politischen Ideenkreis, wo die Meinung zu Hause ist, der Staat werde am besten regiert werden, wenn bei möglichster Ausbreitung dessen, was man Volksbildung nennt, worunter eine Summe elementarer Kenntnisse und eine ebenso große Summe in einem gewissen Kreise entstandener Dogmen verstanden wird, die Macht bei der großen Zahl — diese Zahl besteht aber aus den wirthschaftlich Bedürftigen — liege. Man meint, dann würden sogleich alle Staatsausgaben verschwinden, die man für überflüssig hält, und man irrt sich darin schwerlich. Die Frage ist nur, welches Schicksal eine Nation treffen würde, die diesen Weg einschlüge. Die wahre Erfüllung der Steuerpflicht ist nur möglich in Verbindung mit einem Grade von richtiger Einsicht in die wahren Bedürfnisse des Staats. Wo dieser Grad unerreichbar ist, da muß die Steuerpflicht aufhören. Die Steuerpflicht allein bringt diese Einsicht noch nicht, wie hin und wieder angenommen wird. Auf gewissen Stufen hat die Steuerpflicht sogar die Wirkung, die richtige Einsicht in das Wesen des Staats zu erschweren.

Wir haben einen dreifachen Ausgangspunkt zur Begrenzung der Steuerpflicht gefunden. — Wenn hier von Steuerpflicht schlechthin die Rede ist, so wird immer nur die persönliche directe Steuerpflicht gemeint. — Wir glauben, daß der Grenzpunkt, zu welchem die genannten Ausgangspunkte hinführen, in jedem der drei Fälle der nämliche ist. Wir haben den Grenzpunkt zuerst bestimmt, indem wir die Steuerpflicht da aufhören zu lassen nöthig fanden, wo die Leistungen der Steuerzahler so klein werden, daß sie nicht mehr in Betracht kommen zur Aufbringung der Gesammtleistung, andererseits aber bei Veranlagung, Einziehung und Verrechnung durch ihre große Anzahl die Kosten der Steuererhebung unverhältnißmäßig vermehren. Wir haben den Grenzpunkt zweitens da gefunden, wo das Gesammteinkommen des Steuerzahlers nur den elementaren Lebensbedürfnissen billigerweise dienen sollte, wenn es ihnen auch vielleicht in keinem Fall ausschließlich dient. Denn auch die elementaren oder sogenannten unentbehrlichen Lebensbedürfnisse behalten vermöge der Elasticität der menschlichen Natur eine Einschränkungsfähigkeit, in Folge deren auch die niedrigsten Einkommen zum Theil auf Luxusausgaben oder auf Opfer verwandt werden, die außerhalb der nothwendigen persönlichen Bedürfnisse liegen. Der Staat kann also auch hier sein Opfer nehmen, aber er darf es nicht. Wir haben den Grenzpunkt drittens da gefunden, wo die Kleinheit des Steuerbetrages dem Steuerzahler weder das Bewußtsein giebt, den Staatsbedarf wirklich decken zu helfen, noch das Bewußtsein, durch seinen Beitrag sich in wesentlichen Zwecken zu beschränken, noch das Bewußtsein, durch denselben Beitrag die Sicherung wesentlicher Zwecke der eigenen Persönlichkeit zu ermöglichen.

Wir glauben, dieser dreifache Grenzpunkt kann unter unseren heutigen wirthschaftlichen Verhältnissen bei einem Einkommen von 300 Thlrn. angenommen werden, so daß alles Einkommen unter 300 Thaler von jeder directen persönlichen Besteuerung frei bleiben sollte. Nach dem früheren Klassensteuergesetz gab es gar kein freibleibendes Einkommen. Nachdem in der Landtagssession von 1872/73 von der Regierung eingebrachten, seitdem im Abgeordnetenhaus und Herrenhaus mit einzelnen Abänderungen genehmigten Steuer-Reformgesetz soll die Klassensteuer in 12 Einkommenstufen von 140 bis zu 1000 Thlr. erhoben werden. Die beiden niedrigsten Einkommenstufen reichen nach den Beschlüssen des Abgeordnetenhauses von 140—220 Thlr. und von 220—300 Thlr. Diese beiden Stufen würden also nach unserer Ansicht in Wegfall kommen müssen. Daß die richtige Grenze der Steuerpflicht erst bei 300 Thlr. beginnt, zeigt sich darin, daß nach den von der Staatsregierung gethanen Aussprüchen die Einführung der Klassensteuer in den großen Städten, namentlich in Berlin nur möglich ist, wenn das Einkommen erst in der Höhe von 300 Thlr. besteuert wird. Indem die Staatsregierung den Betrag von 140 Thlr. als Anfang des zu besteuernden Einkommens vorschlug, welchen das Abgeordnetenhaus genehmigte, ging dieselbe davon aus, daß nach ihren Ermittelungen das durchschnittliche Einkommen, von welchem eine Arbeiterfamilie in preußischen Staat besteht, nicht unter 140 Thlr. beträgt. Unter diesem Betrage beginnt der Zustand der eigentlichen Noth, oder der Erwerber eines solchen Einkommens lebt ohne Familie. Die Absicht der Regierung ging dahin, die niedrigste Unterstufe der niedrigsten Hauptstufe der ehemaligen Klassensteuer von der Besteuerung frei zu machen. Es umfaßte diese Stufe im Wesentlichen die Dienstboten und Tagelöhner. Der Grund, weshalb die Regierung in der Steuerbefreiung des Einkommens nicht bis zu einem höheren Betrage heraufgegangen ist, muß wohl allein darin gesucht werden, daß der bisherige Gesammtertrag der Klassensteuer höchstens um einen bestimmten Betrag vermindert werden sollte. Da nun aber durch die Beschlüsse des Abgeordnetenhauses, denen die Regierung zugestimmt hat, das Gesammtaufkommen der Klassensteuer contingentirt, d. h. auf einen unveränderlichen Betrag festgesetzt worden ist, so liegt kein Grund mehr vor, die Erhebung der Klassensteuer nicht bei der wahren Grenze, die heute in dem Einkommen von 300 Thlr. liegt, beginnen zu lassen. Die in 10 Stufen von 300 bis 1000 Thlr. zu erhebende Klassensteuer kann, wie wir glauben, auch bei dem Wegfall der beiden jetzt angenommenen, unter 300 Thlr. herabreichenden Stufen, auf den Satz von 11 Millionen Thaler contingentirt bleiben. Allerdings wird dies zur Folge haben, daß bei der Ermittelung des Einkommens etwas schärfer zu Werke gegangen werden muß, als sonst vielleicht der Fall wäre. Schon bei dem ersten Reformversuch der Klassensteuer in der vorjährigen Landtagssession und dann wieder in der diesjährigen ist von Rednern des Abgeordnetenhauses bemerkt worden, die Freilassung der niedrigsten Einkommenstufen werde nur zur Folge haben, daß desto mehr Steuerzahler in die höheren Klassen eingeschätzt würden. So lange aber diese Einschätzungen dem Sachverhalt nicht widersprechen, ist diese Folge doch nicht zu beklagen. Sollte wirklich das Contingent von 11 Millionen zu hoch sein bei der Beschränkung der Klassensteuer auf 10 Stufen, statt der jetzt vorgeschlagenen 12, sowie das von 14 Millionen Thaler nach Aufhebung der jetzigen Ausnahmen von der Klassensteuer, so könnte und würde der Staat die Hand gewiß bieten zu einer mäßigen Herabsetzung des Kontingents auf einige Zeit, denn bald wird dasselbe sich wieder erhöhen lassen. Unsere Ueberzeugung ist sogar, daß schon jetzt, um das Contingent von 11 Millionen Thaler einzubringen, nicht alle Einkommen, die den Betrag von 300 Thlr. erreichen, zu demselben eingeschätzt zu werden brauchen, selbst bei dem sofortigen Wegfall der zwei Stufen unter 300 Thlr. Die Beibehaltung dieser Stufen kann zwar manche individuelle Belastung erleichtern, wo die Erleichterung sehr wünschenswerth ist. Im Allgemeinen aber wird sie eine unzweckmäßige Verschiebung der Last von der richtigen Stelle herbeiführen.

Das neue Steuerreformgesetz, welches jetzt durch das Abgeordnetenhaus und Herrenhaus gegangen ist, hat bekanntlich die Umlegung der Klassensteuer, anstatt nach den Merkmalen der socialen Stellung, durchgehend nach dem Einkommen angeordnet. Dabei sollte nach dem Regierungsvorschlag zu der Abschätzung des Einkommens jedoch eine Würdigung der gesammten wirthschaftlichen Verhältnisse der Steuerpflichtigen bei der Bemessung des Steuerbetrages hinzutreten. Die Berücksichtigung solcher besonderen Verhältnisse, als da sind: eine zahlreiche Familie, Verpflichtungen gegen dritte Personen, die Unterhaltung kranker oder sonst nicht erwerbsfähiger Personen u. s. w. kann natürlich einen um so weiteren Spielraum finden, je größer die Auswahl bei der Veranlagung durch eine große Anzahl steuerpflichtiger Einkommen wird, welche zur Aufbringung eines unabänderlichen Gesammtbetrages alle heranzuziehen keine Nöthigung vorliegt. Hierin liegt eine große Wohlthat der Kontingentirung. So lange der Staat mit einem Gesammtaufkommen von bestimmter Größe aus einer bestimmten Steuerquelle sich begnügen kann, ist er in der Lage, eine individuell zweckmäßige Auswahl unter den nach den allgemeinen Merkmalen der Steuerpflicht besteuerbaren Elementen zu treffen.

Wenn das neue Steuerreformgesetz in der jetzt vom Landtage beschlossenen Gestalt vollzogen wird, so unterscheiden sich die Klassensteuer und die Einkommensteuer nur noch durch einen verschiedenen Procentsatz. Nach dem Regierungsvorschlag sollten sie sich außerdem dadurch unterscheiden, daß die Berücksichtigung der besonderen wirthschaftlichen Verhältnisse nur innerhalb der Klassensteuer stattfände. Das Abgeordnetenhaus hat indeß diese Berücksichtigung auf die beiden niedrigsten Stufen der Einkommensteuer, welche von 1000 bis zu 1200 Thaler und von 1200 bis zu 1400 Thaler reichen, ausgedehnt. Es wird für die Grenze dieser Berücksichtigung ein unüberschreitbarer Punkt sich nicht entdecken lassen, weder bei 1000 Thlr., wo die Regierung diesen Punkt annahm, noch mit dem Abgeordnetenhause bei 1400 Thlr.

Wir sind, indem wir der mit den Beschlüssen des Abgeordnetenhauses an einer Stelle verwischten Grenze zwischen Klassensteuer und Einkommensteuer Erwähnung thun, zur Beantwortung der Frage I. 3 gelangt. Wir könnten uns dabei mit der vom Abgeordnetenhaus beschlossenen Ausdehnung der Berücksichtigung besonderer Verhältnisse aus dem oben angeführten Grunde einverstanden erklären, daß es keinen bestimmten Einkommensbetrag giebt, augenscheinlich auch den höchsten nicht, wo eine solche Berücksichtigung nicht wünschenswerth sein könnte.

Allein der desfallsige Beschluß des Abgeordnetenhauses erscheint uns dennoch unrichtig, denn die Berücksichtigung der besonderen Verhältnisse kann in rationeller Weise da nur statthaben, wo das Gesammtaufkommen einer Steuer contingentirt ist. Bei einer contingentirten Steuer können bei gleichen allgemeinen Merkmalen die augenscheinlich minder Steuerfähigen erleichtert werden ohne Willkür der Steuerbehörden. Bei einer nicht contingentirten Steuer aber scheint es dem Wesen des Staats zu widersprechen, wenn einzelne Behörden die Staatseinnahme nach ihrem Gutdünken schmälern oder auch erhöhen, für welches keine Grenze existirt.

Wenn es wahr ist, was wir angenommen haben, daß die Berücksichtigung der besonderen Verhältnisse auf allen Stufen des Einkommens gleich wünschenswerth sein kann, so ist dies ein Grund für die Contingentirung auch der Einkommensteuer. Die Modalität der Berücksichtigung kann jedoch bei der Klassensteuer und der Einkommensteuer verschieden gedacht werden, und wahrscheinlich wird die Einführung einer verschiedenen Modalität sich als zweckmäßig ergeben. Umsomehr scheint es wünschenswerth, daß die Berücksichtigung der besonderen Verhältnisse bei den zwei niedrigsten Stufen der Einkommensteuer, wie sie jetzt vom Abgeordnetenhaus beschlossen worden, zurückgenommen werde. Doch hat die Zurücknahme allenfalls Zeit, bis zu einer vollständigeren Reform der Einkommensteuer, als die jetzt in Angriff genommene ist.

Die Fragen I. 2 und I. 3 sind jetzt von uns beantwortet. Wir müssen jedoch noch einmal auf die Frage I. 1 zurückkommen. Mit der Beantwortung von I. 2 ist zwar I. 1 in gewissem Sinne beantwortet, aber doch nicht vollständig. Das Einkommensteuerprincip ist nicht auf alle Klassen der Gesellschaft anwendbar Dies hat uns die Beantwortung von I. 2. gelehrt, indem wir eingesehen haben, daß ein Theil der Gesellschaft von jeder directen Besteuerung frei zu lassen ist. Nunmehr bleibt jedoch die Frage übrig, ob die directe Besteuerung lediglich und überall auf das Einkommen zu basiren ist. Die directe Personalbesteuerung, wie sie durch das Abgabegesetz vom 30. Mai 1820 eingeführt worden, war nicht auf das Einkommen, sondern auf gewisse Merkmale der socialen Stellung basirt. Das abgeänderte Gesetz über die directe Personalbesteuerung vom 1. Mai

1851 ließ nunmehr die eingeführte Besteuerung nach dem Einkommen erst von einer Jahreseinnahme im Betrag von 1000 Thalern anfangen; für die unteren Stufen blieb die Besteuerung nach den Merkmalen der socialen Stellung fortbestehen, daher der Name Klassensteuer, der nunmehr im Gegensatz zur Einkommensteuer gebraucht wurde. Das augenblicklich in Angriff genommene Steuerreformgesetz hebt die Besteuerung nach den socialen Merkmalen überall auf und macht die Besteuerung nach dem Einkommen zur durchgehenden Regel der directen Personalbesteuerung. Eine Klassensteuer, die im eigentlichen Sinne diesen Namen verdiente, giebt es danach nicht mehr; doch wird der Name vielleicht in Gebrauch bleiben, um den Unterschied in der Behandlung der Einkommenstufen unter 1000 Thlr. anzuzeigen. Dieser Unterschied wurde von uns bereits in dem niedrigeren Procentsatz angegeben, sowie in der Berücksichtigung der besonderen persönlichen Verhältnisse, welche auf allen Einkommenstufen bis zu 1000 Thlr. stattfinden, nach dem von dem Regierungsvorschlag abweichenden Beschluß des Abgeordnetenhauses jedoch bis zu 1400 Thlr. hinaufgehen soll. Danach hätte die ehemalige Klassensteuer nur noch ein unterscheidendes Merkmal in dem Procentsatz, der überall unter 3 Procent bleibt, während die Einkommensteuer den Satz von 3 Procent zu Grunde legt, der allerdings nicht den Durchschnittssatz bildet, da die Einkommensteuer in festen Sätzen auf Stufen vertheilt wird, so daß der durchschnittliche Procentsatz zwischen den Grenzen je einer Stufe liegt.

Es könnte die Frage entstehen, ob das Absehen von jeder Besteuerung nach socialen Merkmalen, ob die durchgeführte Zugrundelegung des Einkommens bei der directen Personalbesteuerung zu billigen ist. Wir müssen diese Frage bejahen. Die frühere Klassensteuer war eine Art socialer Ehrensteuer. Sie schätzte den Pflichtigen ein, ohne nach dem Einkommen desselben zu fragen, nach der Selbstständigkeit seiner socialen Stellung und nach der mit derselben verbundenen Ehre. So wurden Dienstboten und Tagelöhner niedriger eingeschätzt als kleine Gewerbtreibende, die von ihrem Gewerbe ausschließlich sich zu unterhalten vermochten, und niedriger als Geschäftsgehilfen, deren Stellung nicht als eine dienende aufzufassen war. Die Handwerksgesellen standen mit den Dienstboten und Tagelöhnern auf gleicher Stufe. Es ist nun klar, daß gewisse Dienstboten, Tagelöhner und Gesellen höhere Einnahmen haben können als manche selbstständige Gewerbtreibende und als manche durch ihre Beschäftigung social höher stehende Gehilfen. Unsere Zeit ist vorläufig dahin gelangt, den Werth des Mannes und die sociale Ehre immer weniger in der Beschäftigung zu suchen und lediglich in dem, was der Mann außerhalb seiner Erwerbsbeschäftigung als Persönlichkeit ist und erstrebt. In gewissem Sinne ist diese Erscheinung ein Fortschritt und ihre weitere Entwicklung jedenfalls eine nicht aufzuhaltende Thatsache. Daher mußte das Princip der Klassensteuer verlassen werden. Man kann nunmehr auch den Dienstboten und Tagelöhner zu einer hohen Stufe veranlagen, wenn er notorisch die Einnahme danach hat, und man kann andererseits den selbstständigen Gewerbtreibenden und den auf Grund einer höheren Bildung beschäftigten Gehilfen von jeder Steuer freilassen oder in niedere Stufen einschätzen, wenn die Verhältnisse danach sind. Insofern lautet unsere vollständige Antwort auf die Frage I. 1 dahin: Das Einkommensteuerprincip ist auf alle Klassen der Gesellschaft anzuwenden, soweit sie überhaupt der directen Personalbesteuerung zu unterwerfen sind.

Bevor wir die Frage 1 verlassen, gedenken wir schließlich noch einer für die Einbeziehung aller Gesellschaftsschichten in die directe Personalbesteuerung mit Unrecht geltend gemachten Thatsache. Diese an sich richtige Thatsache besteht darin, daß die directe Personalsteuer der Dienstboten nicht von diesen, sondern von den Herrschaften bezahlt wird. Der Druck einer solchen Steuer trifft also die Dienstboten auch dann nicht, wenn sie nur einen geringen Lohn erhalten. Das Argument aber gegen die Freilassung der Dienstboten, die nicht etwa ein hohes Einkommen haben, ist völlig verwerflich. Bei der directen Personalsteuer darf keine sogenannte Abwälzung stattfinden, und wo sie stattfindet, ist die Steuer fehlerhaft eingerichtet. Die Begründung dieser Regel erhellt zur Genüge aus dem früher Bemerkten. Die directe Steuer soll eine bewußte Handlung für den Staat sein. Darin liegt der Werth und die Nothwendigkeit der directen Steuer. Wo das richtige Bewußtsein der Handlung aufhört, da ist die directe Steuer an ihre Grenze angelangt, und wo die Handlung abgewälzt wird, da soll der Staat sich von vornherein an diejenigen halten, welche die Handlung übernehmen.

II.

Wir wenden uns zur Frage II. deren erste Unterfrage lautet, ob die Einkommensteuer eine progressive sein soll. Vor dem Eintritt in diese Frage ist jedoch zu bemerken, daß, wenn für die directe Personalsteuer die Zugrundelegung der socialen Stellung, wie wir sahen, mit Recht aufgegeben ist, wenn andererseits das Princip der unterschiedslosen Personalsteuer, der sogenannten Kopfsteuer heute gar keinen Eingang mehr findet, wenn demnach an Stelle dieser Formen eine andere Art der Veranlagung treten muß, dennoch die Veranlagung nach dem Einkommen nicht der einzige übrig bleibende Modus ist. Man kann eine Besteuerung nach dem Vermögen einführen, wobei man für diejenigen, die kein Vermögen im engeren Sinn, d. h. kein übertragbares Kapital besitzen, eine Kapitalisirung des Einkommens nach irgend einem Maßstab vornehmen müßte; man kann den Gesammtverbrauch oder Aufwand besteuern u. s. w. Die hier vorgelegten Fragen setzen allerdings als einzige zulässige Form der directen Personalsteuer, nachdem die Frage über die Klassensteuer beantwortet ist, die Einkommensteuer voraus. Wir werden uns jedoch nicht allen Eingehens enthalten können auf andere Modalitäten der directen Personalsteuer. Bei der gegenwärtig zu beantwortenden Frage II. 1 können wir vorläufig die Voraussetzung noch gelten lassen, als sei directe Personalsteuer identisch mit Einkommensteuer.

Die Frage: soll die Einkommensteuer eine progressive sein? beantworten wir verneinend. Unter einer progressiven Steuer versteht man, daß je größer das Einkommen, desto größer die verhältnißmäßige Abgabe an den Staat wird. Nun zeigt die arithmetische Logik, daß auf diesem Wege die Abgabe das Einkommen einmal erreichen und demnächst übersteigen muß. Sollte der Quotient des Einkommens, durch welchen die Abgabe bestimmt wird, nur in dem Maße zunehmen, wie das Einkommen selbst, so wäre die Steuer eben keine progressive, d. h. keine solche, wo das Wachsthum der Abgabe das Wachsthum des Einkommens übersteigt. Aus dem bloßen Grundsatz der progressiven Steuer folgt, daß die Abgabe einmal das Einkommen absorbiren und, wenn ein Wachsthum nach der Absorption denkbar wäre, mehr als einmal absorbiren müßte. Weil in dem Grundsatz der progressiven Steuer an sich schon ein Nonsens liegt, pflegt er von denen, die ihn noch vertheidigen, gleich mit einer Beschränkung aufgestellt zu werden, die ihn praktisch haltbar machen soll. Dieselbe Voraussetzung hat auch die Frage II. 2 gemacht, indem sie sagt, bis zu welcher Grenze hat eventuell die Steigerung stattzufinden? Wir verwerfen indeß den Grundsatz der progressiven Steuer, auch wenn der Steigerung eine Grenze gezogen wird, welche dem Punkt mehr oder minder nahe liegen muß, wo die Steigerung bis zur Absorption des Einkommens führen würde. Die Fehlerhaftigkeit des Grundsatzes kann durch eine solche Grenze nicht aufgehoben werden, man würde immer noch dahin gelangen, daß ein Einkommen von 10,000 Thlrn. dem Inhaber beinahe dieselbe Nettoeinnahme gewährte, als ein Einkommen von 100,000 Thlrn. Nehmen wir an, es wären von 10,000 Thlrn. zehn Procent = 1000 Thlr. zu entrichten, so blieben dem Inhaber 9000 Thlr. Sollte die Steuer auch nur um 1 Procent mit jedem Tausend wachsen, so wären wir bei 100,000 Thlr. schon bei 100 Procent, also bei der Absorption des Einkommens angelangt, und wenn wir die Grenze der Steigerung um zehn Tausend Thaler zurückverlegten, so hätte der Besitzer von 100,000 Thlrn. Einkommen nahezu dasselbe Nettoeinkommen, wie der Besitzer von 10,000 Thlrn. Einkommen. Die progressive Steuer ist in der Praxis eine Bestrafung und Konfiskation des Reichthums.

Merkwürdiger aber höchst irriger Weise gilt als einer der ersten Befürworter dieser heute mit Recht kommunistisch gehaltenen Besteuerungsart der so viel genannte, aber wie dies Beispiel zeigt, oft ungenau gekannte Adam Smith. Derselbe spricht nur von der Beitragspflicht eines Jeden im Verhältniß zu dem Einkommen, dessen er unter dem Schutz des Staates genießt. Daraus folgt nicht, was man heute unter Progressivsteuer versteht. Der Forderung von A. Smith ist genügt, wenn das höhere Einkommen in demselben Verhältniß steuert wie das kleinere. Er begründet diese an sich unbestreitbare Forderung durch eine seitdem weiter ausgebildete aber auch widerlegte Argumentation. Die Nachfolger von A. Smith fassen nämlich den Staat als Versicherungsgesellschaft auf und meinen, daß, wer den höchsten Werth versichert, auch die höchste Prämie zahlen muß. Darauf ist nun zu sagen, daß dieser Vergleich einestheils hinkt, weil der Staat nirgends die Verpflichtung zum Schadenersatz übernimmt, daß aber andererseits die Arbeit und die Kosten der Sicherung keineswegs im Verhältniß zu dem Werthe des geschützten Gutes wachsen. Das Verhältniß ist vielmehr wie bei dem Einkauf oder dem Transport im Großen. Die Leistungen werden hier billiger, je größer der Werth ist, den ein und derselbe Geschäftsakt umfaßt. Das Princip der Besteuerung nach der dem Staat abverlangten Leistung ist also unrichtig angewandt. Aber es bleibt auch fehlerhaft, wenn es correct angewendet wird. Es wäre eine Ungeheuerlichkeit, wenn der Staat die Einzelnen besteuern sollte nach den Kosten, die sie ihm verursachen. Dann müßte er seine Hauptsteuerquelle bei den Verbrechern suchen. So lange wenigstens, als die tiefere Theorie des Strafrechts gilt, daß die Verbrecher um ihrer selbstwillen und nicht um der anderen willen bestraft werden.

Wollte man die Steuer nach dem Princip auflegen, daß der Betrag abzumessen ist nach dem Nutzen, den der Einzelne vom Staat hat, und diesen Nutzen nicht in der Größe des Eigenthums suchen noch in den verursachten Kosten, so könnte man ihn nur in der Bürgertugend finden. Denn es sind die besten Bürger, die die Wohlthaten des Staates am besten verwerthen. Aber der innere Werth menschlicher Thätigkeit kann keinen Maßstab der Besteuerung abgeben. Und doch giebt es für diesen Gedanken vielleicht eine gewisse Möglichkeit der Ausführung, die wir bei Frage III. aufzusuchen haben werden. Hier steht nur fest, daß die progressive Steuer, deren Progression sich richten soll nach dem äußeren Umfang des Vermögens, das ganze wirthschaftliche Leben eines Volkes zerstören müßte, weil sie gleichbedeutend wäre mit einer Bestrafung des Reichthums und mit einer Entziehung der Früchte desselben.

Wir wenden uns zur Frage II. 3: Ist bei der Einkommensteuer ein Unterschied zwischen fundirtem und nicht fundirtem Einkommen zu machen? Genauer ausgedrückt wird diese Frage lauten: Soll innerhalb der Einkommensteuer eine besondere Vermögenssteuer eingeführt werden? Denn unter fundirtem Einkommen ist offenbar nichts anderes zu verstehen, als das Einkommen aus dem was gewöhnlich allein Vermögen genannt wird, aus Grundbesitz, aus zinstragenden Papieren, oder sonst zinsbar angelegten Kapitalien, aus productiv verwendeten Mobilien u. s. w. Der Sinn der Frage kann nur sein, ob das Einkommen aus Vermögen höher besteuert werden soll, als dasjenige aus erwerbender Thätigkeit. Dabei müßte bei einem unternehmend verwendeten Kapital der möglicherweise weniger hoch zu besteuernde Unternehmergewinn unterschieden werden von dem Zins des Kapitals, welchen dasselbe bei der Vermiethung gewohnheitsmäßig erträgt. Der Grund

für eine solche höhere Besteuerung des als sicher angenommenen Kapital=
zinses pflegt in dieser Sicherheit selbst gefunden zu werden. Man glaubt,
es sei unbillig, das Einkommen aus unsicheren Quellen, als da sind
alle Arten persönlicher Arbeit, welche stets mit der Person des Arbeiters
gefährdet werden, ebenso hoch zu besteuern, wie den sicheren Kapitalzins.

Wir verneinen indeß die Frage mit aller Entschiedenheit. Bei nähe=
rer Betrachtung spricht gegen die besondere Besteuerung des Vermögens
nicht weniger als alles, und es muß in der That Wunder nehmen, daß
noch Fürsprecher einer solchen auftreten.

Da niemals von einer besonderen Grundsteuer abzusehen sein wird,
mag der Staat, d. h. die Centralverwaltung, dieselbe für sich beanspruchen
oder was das Naturgemäße ist, sie den Orts=, Kreis=, und Provinzialgemeinden
überweisen, so würde die Vermögenssteuer zu einer Doppelbesteuerung des
Grundbesitzes führen. Wollte man bei der Vermögenssteuer die auf dem
Grundbesitz haftenden Schulden außer Betracht lassen, so verleitet man den
Grundbesitz, wo keine Verschuldung nothwendig ist, den Schein derselben
bestehen zu lassen.

Die Besteuerung der zinstragenden Papiere führt zu einer lästigen
Inquisition. Das schlimmste Hinderniß dieser Art von Besteuerung aber
wäre, daß der Besitz zinstragender Papiere ein außerordentlich fluctuirender
ist. Die Befürworter der Vermögenssteuer denken sich immer das Vermö=
gen höchst irrigerweise in einer Anzahl fester Hände, während doch ein
großer Theil desselben in beständiger Wanderung begriffen ist. Heute wer=
den Ersparnisse in zinstragenden Papieren angelegt, morgen müssen sie
flüssig gemacht werden, sei es zu Aufwands= sei es zu Anlage=Zwecken
von unternehmender Natur. Die beständige Verfolgung der Besitzformen
nun, je nachdem sie den Charakter größerer oder geringerer Sicherheit ge=
winnen, würde diese Steuer zu einer unerträglichen machen.

Es giebt ferner im Verhältniß sehr wenig Einkommen, das lediglich
aus Kapitalzins besteht. Bei weitem das meiste Einkommen ist zusammen=
gesetzter Natur, theils so, daß Kapitalzins und Arbeitsgewinn neben ein=
ander laufen, theils aber auch so, daß sie in einander laufen bei dem so=
genannten Unternehmergewinn. Bei diesem letzteren ist oftmals der Kapi=
talzins von der Person des Unternehmers grade so abhängig und mit der=
selben gerade so gefährdet, wie der Arbeitsertrag. Es erscheint beinahe
als eine Unmöglichkeit, den Kapitalzins herauszulösen, um ihn einer höhe=
ren Steuer zu unterwerfen.

Außerdem wirkt die Vermögenssteuer wie eine Strafe auf die Kapital=
bildung, und folglich als ein Hinderniß derselben, folglich als eine Beschä=
digung der Wurzel des wirthschaftlichen Fortschritts. Wer ein Ersparniß
jedesmal erst versteuern soll, wenn er es zinstragend anlegt, der ver=
jubelt es oft lieber sogleich, da er doch nicht weiß, ob er es lange be=
haupten kann.

Es ist ein großer Irrthum, zu glauben, die menschliche Natur besitze Anlagen von so unausrottbarer Stärke, daß sie jede Mißhandlung vertrügen. Als eine solche Anlage betrachtet man wohl den sogenannten Erwerbstrieb, der aber, wo er zur Erscheinung kommt, nicht als eine angeborne Naturkraft anzusehen ist, sondern vielmehr als ein Produkt verschiedener menschlichen Anlagen und bestimmter Kulturverhältnisse. Es ist keineswegs jedem Menschen das Bedürfniß angeboren, um den Preis vieljähriger Anstrengungen eines Tages von Zinsen zu leben. Bei den Franzosen ist dieses Bedürfniß und diese Fähigkeit noch häufiger als bei uns. Viele Menschen würden zwar gern von Zinsen leben, aber sie haben durchaus nicht die Energie, eine Zeit lang alle Anstrengungen darauf zu richten. Ein verkehrtes Steuersystem, welches auf den Anfängen der Vermögensbildung schwer lasten und die Früchte der vorgeschrittenen Vermögensbildung schwer beeinträchtigen würde, kann nicht wenig dazu beitragen, eine Nation auf der Stufe wirthschaftlicher Unreife zurückzuhalten.

Man muß nur die Vorstellung fahren lassen, als ob das Vermögen blos bei den Reichen zu suchen sei. Der größte Theil des Vermögens ist in kleinen Beträgen vertheilt und in beständiger Wanderung begriffen.

III.

Wir kommen zur Frage III. deren Unterfragen sich sämmtlich beziehen auf die zweckmäßigste Art, die Einkommensteuer zu veranlagen. Die Beantwortung dieser Frage hängt jedoch wesentlich von der Vorfrage ab: welche Stellung soll die Einkommensteuer in dem gesammten Steuersystem für die Aufbringung der Staatsbedürfnisse einnehmen? Wenn man der Einkommensteuer eine sehr hohe Leistung zumuthen will oder dazu genöthigt ist, muß das System der Veranlagung nothwendigerweise ein anderes werden, als wenn die Gesammtleistung durch einen mäßigen Procentsatz zu erreichen steht. Ungleichheiten der Veranlagung, um die bei einem geringen Procentsatz sich Niemand kümmert und der Staat sich keine Sorgen zu machen braucht, werden bei einem hohen Satz zu unerträglichen Uebelständen.

Die Beantwortung dieser Vorfrage bildet freilich eine weitläufige Aufgabe für sich, und wir dürfen ihr hier nicht zu viel Raum verstatten. Wir begnügen uns, unsere Ansicht dahin zu formuliren, daß der Gedanke zurückzuweisen ist, alle Staatsbedürfnisse, in Deutschland, diejenigen des Reiches ebenso wie die der Einzelstaaten, etwa durch die Einkommensteuer decken zu wollen. Diejenigen, welche das Ideal der Steuerpolitik in der Auffindung einer einzigen, den gesammten Staatsbedarf aufbringenden Steuer erblicken, haben zu diesem Zweck auch an die Einkommensteuer gedacht. Ohne jede Direction indeß, was die Einkommensteuer leisten soll, ist die Aufsuchung des richtigen Veranlagungsmodus nicht unternehmbar. Unser System ist dieses. In Deutschland sollte die indirecte Besteuerung ausschließlich dem Reich zukommen und soweit ausgedehnt werden, um den Bedarf der Reichsausgaben ohne Ansprüche an die Kasse der Einzelstaaten zu decken. Der durchschlagende Grund für die Ueberweisung der indirecten Steuern an das Reich ist, daß das Reich eine Einheit des wirthschaftlichen Lebens bilden muß, die nicht bestehen kann bei Ungleichheit der indirecten Besteuerung innerhalb des Reichsgebietes. Den Einzelstaaten sollte hiernach das Recht der indirecten Besteuerung ganz entzogen werden. Da nun schon oft der Nachweis geführt worden, daß die Grund- und Gebäudesteuer die einzige naturgemäße Einnahmequelle der Gemeinden bildet, so können wir die Aufgabe der Einkommensteuer dahin definiren, die Bedürfnisse der Centralverwaltung in den Einzelstaaten des deutschen Reichs zu decken.

Ganz im Gegensatz zu dem Gesagten ist in manchen politischen Kreisen Deutschlands eine Ansicht beliebt geworden, welche den Geldbedarf des deutschen Reiches ganz oder zum großen Theil durch eine Reichseinkommensteuer aufbringen möchte. Diese Reichseinkommensteuer soll auf einen imaginären Normalsatz gebracht werden und dieser Normalsatz soll nach den wechselnden Bedürfnissen alljährlich durch den Reichstag multiplicirt oder dividirt werden. Wer der Besteuerungstheorie ein ernstes, alle Gesichtspunkte unbefangen erwägendes Studium widmet, sieht auf den ersten Blick, daß er in diesem Gedanken nicht das Erzeugniß einer auf rationelle Besteuerung ausgehenden Finanzkunst, sondern vielmehr ein Erzeugniß des parlamentarischen Machtstrebens vor sich hat. Vom Standpunkt der Steuerpolitik erscheint der Gedanke so schadenbringend wie nur möglich. Aber wie es vorkommt, daß im Ringkampfe der schwächere Theil, anstatt auf die Stärkung seiner Muskeln Bedacht zu nehmen, nach irgend einem Vortheil späht, der ihm mit einem Male das Uebergewicht geben soll, so hat jener Gedanke, der unter dem Namen „Quotisirung der Einkommensteuer" bekannt geworden ist, seit der Zeit des preußischen Verfassungsconflicts Aufnahme gefunden, als ein bequemes und unfehlbares Mittel, das parlamentarische Uebergewicht zu sichern. Aus dem preußischen Verfassungsleben, wo er entstand, wird er jetzt mit Vorliebe auf die Reichsverfassung zu übertragen gesucht, weil das parlamentarische Hauptorgan der deutschen Nation der Reichstag geworden ist.

Vom Standpunkt der Steuerpolitik sind die verschiedenen Inhaltsmomente dieses Gedankens gleich verwerflich. Einmal eignet sich die Einkommensteuer ganz und gar nicht zur Reichseinnahmequelle. Wird diese Einnahmequelle den Einzelstaaten entzogen, so müssen sie zur Bestreitung ihres Aufwandes wiederum indirecte Besteuerungsformen aufsuchen, deren einträglichste ihnen schon durch das Reich entzogen sind. Was den Einzelstaaten an indirecten Steuern übrig bleiben würde, könnten fast nur schädliche sein. Außerdem ist die Verschiedenheit der indirecten Besteuerung, abgesehen von ihren mehr oder minder glücklichen Modalitäten, innerhalb des Reichswirthschaftsgebietes schlechterdings nicht zu dulden, weil von zerstörender Wirkung auf das wirthschaftliche Leben.

Ferner aber hat die Steuerpolitik gegen jenen Gedanken den sehr triftigen Einwand zu erheben, daß die Einkommensteuer sich vortrefflich zur Contingentirung eignet, aber ganz und gar nicht zur sogenannten Quotisirung. Es ist einmal unser noch nicht überwundenes Schicksal, daß jeder englische Bock in Deutschland eine Zeit lang zum politischen Dogma wird. So hat man auch den unglücklichen Gedanken einer Quotisirung der Einkommensteuer von England entlehnt. Dort ist allerdings während einer Reihe von Jahren der Versuch gemacht worden, die Einkommensteuer durch Zuschläge zu der jährlichen Abgabequote beweglich zu gestalten. Allein man ist in England niemals so weit gegangen, den ganzen Theil des Jahresbedürfnisses, welcher als vorübergehend betrachtet wurde und für welchen man deshalb keine dauernden Einnahmequellen suchte, durch Zuschläge zur Einkommensteuer zu decken. Es geschah namentlich im Anfang des vorigen Jahrzehndes unter Gladstones Verwaltung des Schatzkanzleramtes, daß man Zuschläge zur Einkommensteuer handhabte, aber daneben auch solche zu indirekten Steuern, wie zur Malzsteuer, zur Thee- und Zucker-Steuer. Der bei Weitem größte Theil des außerordentlichen Bedarfs wurde durch die Zuschläge zu den indirecten Steuern gedeckt. Gegenwärtig ist man in England nicht nur von den Zuschlägen zur Einkommensteuer zurückgekommen, es erhebt sich sogar eine starke Agitation zur Beseitigung der ganzen Steuer. Uns nicht der letzteren Bewegung anzuschließen, haben wir in Deutschland allen Grund. Ebenso viel Grund aber haben wir, es mit den indirecten Steuern zu versuchen, wenn wir bewegliche Steuern haben wollen. Für diesen Versuch ist das englische Beispiel nachahmenswerth, weil es günstige Erfahrungen aufzuweisen hat.

Es ist leicht zu begreifen, daß vorübergehende Zuschläge zu einer indirecten Steuer, die nichts weiter sind, als ein vorübergehend erhöhter Aufschlag, viel leichter ertragen werden, als bei der directen Steuer. Die Erlegung der indirecten Steuer ist bis zu einem gewissen Grade freiwillig, die Forderung der directen Steuer ist unerbittlich. Wir werden uns mit diesem Unterschiede noch zu beschäftigen haben. Hier leuchtet soviel ein, daß die directe Besteuerung nichts so sehr bedarf, um ertragen zu werden und einen sicheren Ertrag zu liefern, als Gleichmäßigkeit und Stetigkeit. Mit dem verunglückten Experiment der wechselnden Zuschläge hat man in England ein geringes finanzielles Resultat erreicht und außerdem der Einkommensteuer den Hals gebrochen.

Wenn nicht etwa der abenteuerliche Gedanke der einzigen Steuer, von dem auf einem volkswirthschaftlichen Congreß einmal treffend bemerkt wurde, daß er eben so geistreich ist, als der Gedanke, die verschiedenen Nahrungsmittel auf ein einziges zu reduciren — wenn dieser Gedanke nicht theoretisch weiter verfolgt werden soll, bei welchem man eine Anzahl Quoten der Einkommensteuer dem Reich, die übrigen den Einzelstaaten zuweisen müßte, so wird kein ernsthafter Einwand dagegen möglich sein, daß die Einkommensteuer den Einzelstaaten bleiben muß, welche dafür auf das Recht der indirecten Besteuerung zu Gunsten des Reiches auf alle Fälle zu verzichten haben. Im Wesen der Einkommensteuer liegt die Contingentirung, aber die wirkliche Contingentirung, welche die Quotisirung ausschließt. Wir meinen: im Wesen der Einkommensteuer liegt die Feststellung des Gesammtaufkommens auf einen unveränderlichen Betrag, aber nicht die Fiction eines imaginären Normalbetrages, der alljährlich einen verschiedenen Multiplicator erhält. Die Sache wird auch dadurch nicht besser, sondern eher schlimmer, daß man bestimmt, von jedem Einkommen soll die Abgabequote nach dem Bedürfniß des Staates erhöht oder vermindert werden. Man weiß gar nicht, ob bei erhöhter Quote die Einschätzung der Einkommen dasselbe Resultat liefert. Viele Einkommen werden sich in Folge einer solchen Erhöhung flüchten oder verbergen. Da die Zahl und Größe der steuerpflichtigen Einkommen in beständiger Veränderung begriffen ist, so kann die Veränderung der Abgabequote kein mit Sicherheit vorauszusehendes Resultat liefern. Sie kann dem Staat das eine Mal eine überraschend große, das andere Mal eine überraschend geringe Summe zuführen. Sicher ist nur der Weg, den Gesammteingang festzusetzen und hierauf nach Ermittelung aller steuerpflichtigen Einkommen die Quote zu bestimmen. Aus dem Gesammtaufkommen der Einkommensteuer eine wechselnde Größe zu machen, ist jedoch ein schädliches Unternehmen. Nichts ist unerträglicher, als eine hohe directe Steuer, auf die man Gefahr läuft, sich alle Jahre anders einrichten zu müssen. Man kann sich nicht genug davor hüten, die Erfahrungen, die wir bei der jetzigen Einkommensteuer machen mit ihrem mäßigen Procentsatz und mit ihrem milden Einschätzungsverfahren, zu übertragen auf den Zustand, wo der Einkommensteuer eine große Leistung zugemuthet wird. Sollte man statt der jetzigen 3 Procent auch nur 6 Procent zahlen, mit der Aussicht, daß daraus unversehens einmal 12 Procent werden können, so würde der Staat bei dem allgemeinen Widerstand in eine bedrängte Lage kommen, deren Wirkungen als sehr nachtheilig anzusehen sind.

Die Contingentirung, die Feststellung des Gesammtaufkommens für eine längere Reihe von Jahren auf einen unveränderlichen Jahresbetrag ist also die wahre Regel der Einkommensteuer. Denn ein hoher Steuersatz ohne Feststellung des Gesammtaufkommens, auch wenn er unverändert inne gehalten würde, ergiebt theils niemals ein sicheres Resultat, theils erschwert er die Veranlagung. Die gerechte Veranlagung ist wesentlich abhängig von der Contingentirung. Denn die Gerechtigkeit der Veranlagung beruht ganz auf der relativen Richtigkeit der Einschätzung. Diese wird häufig verfehlt werden, wenn der Größe des Einkommens ein unveränderlicher Abgabesatz entspricht, weil die absolute Größe des Einkommens doch niemals sicher ermittelbar ist. Die Contingentirung ist es, die diese lästige und schädliche Ermittelung beinahe unnöthig macht. Die Repartition eines festen Betrages kann relativ richtig vor sich gehen, ohne daß der einzelne Steuerpflichtige nach seinem Einkommen gefragt wird. Es genügt daß A. erklärt oder dafür gehalten wird, ohne daß er widerspricht, wohl= habender zu sein als B. auf daß A. den ersten Antheil übernimmt. Aber man braucht nicht zu fragen, ob A. so viel hat und B. so viel.

Ehe wir die Frage nach dem Repartitionsmodus der contingentirten Einkommensteuer weiter verfolgen, müssen wir auf die Einwände eingehen, die sich gegen die Contingentirung erheben. Zuerst bietet sich der Einwand dar, wie es zu machen, daß die Einzelstaaten mit einem unveränderlichen Betrag auskommen, da in den Budgets doch einmal wechselnde Bedürfnisse erscheinen. Wir antworten: Der Betrag muß in Voraussicht der wechseln= den Bedürfnisse in ausreichender Höhe festgesetzt werden. Für ganz unvor= hergesehene Ausgaben läßt sich überhaupt keine Vorsorge treffen. Die Noth gebietet außerordentliche Wege. Aber gerade die Einzelstaaten werden in die Lage kommen, ihre Ausgaben auf längere Perioden, seien es 5, seien es 10 Jahr, fixiren zu können, nachdem die am meisten der Schwankung unterworfenen Ausgaben für Heer, Flotte, Festungsbauten, Münze, aus= wärtige Diplomatie auf das Reich übergegangen sind. Diese Ausgaben schwanken, weil die Kosten so oft den Anschlag übersteigen, weil das Mate= rial sich abnutzt u. s. w. Den Einzelstaaten bleiben doch vornehmlich nur die regelmäßigen Kosten der Verwaltung. Die Anlagen, die sie zu errich= ten und in Stand zu halten haben, erreichen bei weitem nicht den Umfang derjenigen des Reichs. In den Einzelstaaten würde es also möglich sein, die Ausgaben auf längere Zeit hinaus zu fixiren, und daher auch die Einnahmen.

Ein sehr lebhafter Einwand gegen die Contingentirung wird von conservativer Seite in gutem Glauben aber ganz irrigerweise erhoben. Man meint hier, die Stärke und selbst die Sicherheit der Regierungen beruhe in den von parlamentarischer Bewilligung unabhängig wachsenden Einnahmen. Die Contingentirung, dies sollte man nicht übersehen, ist aber ein Riegel vor Beides, vor das unbegrenzte Wachsthum der Steuer= einnahmen, aber auch vor die alljährliche parlamentarische Bewilligung. Die Contingentirung auf längere Perioden ist die rechte Mitte zwischen zwei unhaltbaren Extremen. Unhaltbar ist das von links her erstrebte Extrem der alljährlichen Steuerbewilligung, welches die Existenz des Staa= tes jedes Jahr dem Zufall einer Abstimmung unterwirft. Unhaltbar aber ist auch das von rechts her erstrebte Extrem endlos wachsender Steuern. Es macht die Regierung sicher und sorglos, während es ihr die Gesinnun= gen der Bürger entfremdet. Das formale Recht der Steuererhebung ist ohne Nutzen, wenn der Widerstand gegen die Zahlung einer Steuer allseitig verbreitet ist. Auch wenn dieser Widerstand nicht zur Auflehnung wird, wenn er nur in der allgemeinen Unlust zu Tage tritt, schafft er der Regierung unüberwindliche Schwierigkeiten. Das Extrem der endlos wachsenden Steuern gebiert immer wieder die Forderung des entgegengesetzten Extrems der alljährlichen Bewilligung. Zwischen diesen Extremen kann der Staat nie gesunden. Die Contingentirung dagegen bietet der Regierung den nicht zu unterschätzenden Vortheil, daß, wenn nach Ablauf einer Contingentsperiode das Contingent nicht erhöht wird, mindestens die bisherige Contingentspflicht bis zu neuer Vereinbarung fortbesteht.

Die Leistung der Einkommensteuer war von uns dahin bestimmt, daß diese Steuer in den Einzelstaaten des deutschen Reiches den Centralverwaltungen je die Mittel aufbringen soll, deren sie bedürfen. Werfen wir einen Blick auf den preußischen Staatshaushalt für 1873, so finden wir hier unter den Staatsausgaben einen Matricularbeitrag für das deutsche Reich von 11,101,989 Thlr. Dieser Matricularbeitrag hätte bei einer rationellen Gestaltung der Einnahmequellen des deutschen Reiches in Wegfall zu kommen. Als Ersatz für das Reich bietet sich nach dem früher Bemerkten der Uebergang aller indirecten Steuern an dasselbe. Die indirecten Steuern des preußischen Staates ergeben noch immer einen Posten von 15,745,970 Thlr. Darunter befinden sich freilich einige Einzelposten, denen bereits das Todesurtheil gesprochen ist, wie derjenige aus der Mahl- und Schlachtsteuer. Aber die Stempelsteuer allein beträgt 8,400,000 Thlr. wozu der Antheil an der deutschen Wechselstempelsteuer mit 265,240 Thlr. kommt. Einzelne der hier aufgeführten Posten eignen sich allerdings nicht zur Ueberlassung an das Reich, wie die Einnahme aus den Chausseegeldern. Man sieht jedoch, daß die Beseitigung der Matricularbeiträge durch Ausbildung der indirecten Reichssteuern keine Schwierigkeiten haben würde, wenn nur die Einzelstaaten auf jede indirecte Besteuerung verzichten, die nicht, wie die Chausseegelder, deren Beibehaltung wir übrigens nicht das Wort reden wollen, rein localer Natur ist.

Die Aufgabe der Einkommensteuer im preußischen Staatshaushalt würde speciell die sein, die Ueberlassung der Grund- und Gebäudesteuer an die Gemeinden zu ermöglichen, d. h. an den dreifachen Verband des Orts, des Kreises und der Provinz. Man kann ohne Uebertreibung behaupten, daß aus dieser Maßregel der Segen in vollen Strömen fließen würde. Eine Menge schädlicher Abgaben, zu denen jetzt die Gemeinden greifen müssen, könnten beseitigt werden. Die Leistungsfähigkeit der Gemeinden würde sich außerordentlich steigern, die wahre Grenze zwischen der Central- und Local-Verwaltung könnte gezogen werden. Die richtige Basis für das active Gemeindebürgerrecht wäre gefunden, das absurde Dilemma, ob die Beamten der Centralverwaltung in der Gemeinde zu besteuern sind, wäre verschwunden. Denn es versteht sich, daß die Grund- und Gebäudesteuer die einzige den Gemeinden zu gestattende Einnahmequelle wäre. Das active Gemeindebürgerrecht würde sich in eine Schule conservativer Gesinnung verwandeln; der Grundbesitz, der in der That etwas anderes ist, als ein pflichtenloses Eigenthum, würde seine Natur als politisch-sociales Amt wieder erhalten. Die jetzt so drohende Gefahr einer Zerstörung der Gemeindeorganismen durch Gründerthum und Demagogie, deren Erfüllung wir in Amerika vor Augen haben, wäre abgewendet. Und so ließen sich der Wohlthaten noch manche aufzählen,

Doch haben wir hier nicht von der richtigen Benutzung der Grundsteuer ausführlich zu handeln. Wohl aber davon, wie durch die Einkommensteuer die Grundsteuer für die Centralverwaltung entbehrlich zu machen ist. Die Einkommensteuer ist für 1873 mit der Summe von 6,170,000 Thlr. angesetzt. Die Gewerbesteuer mit 5,402,000 Thlr. Diese beiden Steuern wären unseres Erachtens in Zukunft zu verschmelzen, so daß die Gewerbesteuer in die Einkommensteuer aufginge. Dafür könnte bei der unerläßlichen Contingentirung der jetzige Betrag beider mehr als verdoppelt werden, etwa auf 20—25,000,000 Thlr. zusammen. Der berliner Steuerzahler, sofern er nicht etwa spekulativer Hausbesitzer ist, würde bei einer Verdoppelung des jetzigen Einkommensteuersatzes durch Wegfall der Miethssteuer und der städtischen Einkommensteuer immer noch besser zu stehen kommen als bisher. Dann wäre es ein Leichtes, die Grundsteuer mit 13,055,000 Thlr. und die Gebäudesteuer mit 4,867,000 Thlr. den Gemeinden zu überlassen. Allerdings wäre ein Plus von 13 bis 14,000,000 Thlr. noch nicht die völlige Deckung eines Ausfalls von nahezu 18,000,000 Thlr. Aber für diese fehlenden 4 bis 5,000,000 Thlr. würde sich wohl leicht Rath schaffen lassen. Jedenfalls würde an ihnen die unendlich wohlthätige Ueberlassung der Grund- und Gebäudesteuer an die Gemeinden nicht scheitern. Eher wohl daran, daß die Staatsregierung eine Einnahme nicht gerne aus der Hand giebt, die sie wegen der leichten Erfaßbarkeit ihres Steuerobjectes für die sicherste und bequemste halten mag. Aber dieser Grund sollte doch nicht aufkommen gegen die unschätzbaren politischen und socialen Vortheile dieser Maßregel, unter denen wir nachträglich nicht unterlassen wollen die Verminderung der städtischen Wohnungsnoth anzuführen durch die Beseitigung des Speculationspreises der Grundstücke.

Nachdem wir von der Aufgabe der Einkommensteuer eine Anschauung gewonnen haben, können wir eingehen auf die Frage nach dem richtigen Veranlagungsmodus.

Wir führten bereits oben den bedeutungsvollen Unterschied an, der zwischen der Entrichtung einer directen und indirecten Steuer obwaltet, und den schon Montesquieu angeführt hat. Der Entrichtung indirecter Steuern haftet eine gewisse Freiwilligkeit an, während die Forderung der directen Steuer unerbittlich ist. Man hat die auch nur relative Freiwilligkeit der Uebernahme indirecter Steuern zuweilen bestritten wollen, aber sehr mit Unrecht. Die Lobredner der indirecten Steuern pflegen anzuführen, daß selbst bedeutende Aufschläge die Consumtion beliebter Artikel nicht vermindern. Dies benutzen die Gegner für sich, um zu sagen: da seht ihr, was es mit der angeblichen Freiwilligkeit auf sich hat. Dennoch findet diese Freiwilligkeit unzweifelhaft statt. Ich brauche nicht zu consumiren, wenn ich nicht kann oder will. Sehr möglich, daß ich das heute durch Minderconsum Ersparte einige Zeit darauf reichlich durch Mehrconsum ausgebe; immer bleibt es ein wirthschaftlicher Vortheil, daß ich die Ausgabe nach Belieben einschränken, nach Belieben so auf verschiedene Perioden vertheilen konnte, wie es mir und meinen Finanzen paßte. Andererseits ist nicht gesagt, daß wenn die Consumtion eines Artikels bei höherer Besteuerung dieselbe bleibt, die Consumenten aus denselben Personen bestehen. Nicht selten kommt es vor, daß ein Artikel, bloß darum, weil er theuer geworden, von den reichen Leuten mehr consumirt wird, deren Consum nicht bloß auf Neigung, sondern auf Mode, Repräsentation und Schaustellung beruht.

Die Freiwilligkeit der Entrichtung, welche den indirecten Steuern in einem gewissen Maße nicht zu bestreiten ist, darf gleichwohl nicht zu der einseitigen Bevorzugung dieser Steuerart führen. Wir haben diese längst verhandelte Frage hier nicht aufzunehmen, sondern setzen ihre Entscheidung in dem Sinne voraus, daß der Antheil der directen Besteuerung an der Aufbringung der Staatsbedürfnisse eine Nothwendigkeit ist und zwar eine finanzpolitische, eine volkswirthschaftspolitische und eine verfassungspolitische oder pädagogische. Es entsteht aber naturgemäß die Frage, ob es keinen Weg giebt, der Entrichtung der directen Steuer Etwas von jenem Vorzug der Freiwilligkeit zu geben.

Unsere Frage III. zu deren Beantwortung nach Erledigung so mancher Vorfrage wir uns wenden, wirft bei den Unterfragen die Frage der Selbsteinschätzung für die Einkommensteuer auf. Die Selbsteinschätzung ist jedoch näher zu bestimmen. Ganz verwerflich als eine Ausgeburt verkehrtester Finanzpolitik ist die sogenannte Fassion. Dieselbe besteht darin, daß der Steuerpflichtige den betreffenden Staatsbeamten sein Einkommen summarisch, am liebsten aber haarklein darlegt, und dann abwartet, wie viel der Staat gut findet ihm abzufordern. Die Zumuthung an den Steuerpflichtigen, welche hierin liegt, könnte naiv scheinen, wenn sie nicht der baare Unverstand wäre. Die Methode ist freilich practicirt worden u. A. im Königreich Sachsen. Die Folge ist aber allerwege, daß dem Staat eine schwere Last von Lügen aufgebürdet wird, deren Schuld ganz allein auf ihn selbst fällt. Denn das gestellte Verlangen ist eine Thorheit und eine Rechtsüberschreitung. Man kann der Meinung sein, daß für den Staat Rechtsschranken prinzipieller Art, d. h. solche, die ihn als Gesetzgeber binden, nicht vorhanden sind. Desto unzweifelhafter sind aber die Schranken der practischen Weisheit und der pädagogischen Pflicht. Die Fanatiker der Fassion, welche theils pedantische Ausläufer der Bureaukratie theils Kinder eines unreifen Idealismus sind, der da glaubt, wo etwas sei, da müsse auch entsprechend viel genommen werden — diese Fanatiker also haben zuweilen terroristische Maßregeln vorgeschlagen, um die Wirksamkeit der Fassion zu sichern. Z. B. die Veröffentlichung der Selbsteinschätzungen oder Declarationen des Einkommens, inquisitorische

Befugnisse der Behörden u. drgl. Die Folge wird stets sein, daß man vieles Vermögen aus dem Lande scheucht, anderem Verbergungskünste aufdrängt, welche einer heilsamen Verwendung nicht zu Gute kommen und die öffentliche Moral schädigen. Es ist sehr schlimm, wenn es ein Gebiet giebt, wo beinahe Jederman lügt, wo jeder vom anderen weiß, daß er lügt, und doch der Schein der Wahrheit immerfort erheuchelt werden muß.

Der Staat hat nach dem Einkommen gar nichts zu fragen. Will man durchaus die Fassion, so darf es nur die Fassion des Aufwandes sein, den jeder macht. Auf diesem Wege läßt sich ein leidlich zufriedenstellendes Resultat in finanzieller Hinsicht erreichen. Die Contingentirung des Gesammtbetrages muß jedoch alsdann fortfallen, denn sie verliert jeden Zweck und wirkt nur schädlich, wo die Gesammtleistung auf jeden Fall eine verhältnißmäßig geringe bleiben muß. Der Zweck der Contingentirung ist, zu sagen: dies muß aufgebracht werden; hast du den Muth, weniger beitragen zu wollen, als dein Nachbar? Dabei wird weder nach dem Einkommen noch nach dem Aufwand gefragt, sondern nur nach der relativen Leistungsfähigkeit.

Wir denken uns den Veranlagungsmodus der contingentirten Einkommensteuer folgendermaßen, wobei allerdings in gewissem Sinne eine Selbsteinschätzung eintritt. Das Contingent wird — entweder sogleich auf die ganze Contingentsperiode oder auf einen Theil derselben — repartirt: durch Staatsregierung und Landtag auf die Provinzen; durch die Oberpräsidenten und Provinzialstände auf die Kreise; durch die Landräthe und Kreisausschüsse oder auch Kreistage auf die Ortsgemeinden. In den Ortsgemeinden werden durch die Gemeindevorstände die Steuerpflichtigen nach dem Einkommensatz von 1000 Thlr. und darüber ermittelt, die Repartition des Ortscontingentes nehmen die Steuerpflichtigen selbst unter einander vor. Es könnte die Repartition auf die Provinzen gültig sein für sechs Jahre, auf die Kreise und Orte für drei Jahre; die Repartition unter den Steuerpflichtigen jeden Ortes müßte alljährlich stattfinden. Wir enthalten uns einer näheren Bezeichnung der hierzu erforderlichen Modalitäten, um dieses Gutachten nicht allzulang werden zu lassen. Wir wenden uns dafür noch einigen Einwänden zu.

Unausführbar kann der Gedanke nicht erscheinen. Vielleicht sagt man aber, daß dies keine Einkommensteuer sei, viel eher eine sociale Ehrensteuer, aber mehr ein undefinirbares Etwas, eine Steuer, die unter keine vorhandene Kategorie zu bringen. Es würde nicht das erste Mal sein, daß eine Erscheinung gemischter Kategorie dem Bedürfniß am besten diente. Wozu braucht es den Namen Einkommensteuer? Man nenne die vorgeschlagene Steuer die große Staatssteuer oder die große Personalsteuer. Unsere Steuer ist eine sociale Ehrensteuer, aber nicht indem sie den besteuert, der die Ehre hat, sondern indem sie dem Steuernden die Ehre giebt. Sie ist eine freiwillige Steuer, indem sie die Theilnahme an der großen Staatssteuer zwar nicht frei läßt, aber dem Maße der Betheiligung allerdings einen weiten Spielraum giebt. Weil sie in hohem Grade freiwillig ist, kann sie sich nach den individuellen Verhältnissen richten und eine Selbstbesteuerung der wirthschaftlichen und politischen Tugend sein. Bei der wirthschaftlichen Tüchtigkeit wird immer die wahre Steuerkraft sein, nur daß es eine unverzeihliche Unklugheit wäre, diese Kraft auf inquisitorischem Wege zu Zwangsleistungen bringen zu wollen.

Nach verhältnißmäßig kurzer Zeit wird vielleicht jede Erinnerung einer Schwierigkeit verschwunden sein, die sich dabei finden könnte, in gerechter Weise ein Ortscontingent auf die Steuerpflichtigen durch diese selbst zu vertheilen. Wahrscheinlich wird nicht immer der Reichste den höchsten Beitrag zahlen. Aber der wenigst Wohlhabende braucht nie überbürdet zu werden. Die Wahrheit, daß Steuerzahlen eine Ehre ist, kann nur so zur Geltung gelangen. Man wird die Ehre des höchsten Beitrages nicht immer blos dem Reichsten gönnen. Eine Gleichheit der Leistung wird bis zu einem gewissen Niveau herab auch bei Ungleichheit des Einkommens übernommen werden um der damit verbundenen Ehre Willen. Schlägt man den Weg ein, der ja wohl unumgänglich ist, jedes Ortscontingent zunächst durch die Zahl der Steuerpflichtigen des Orts zu dividiren, so werden zuweilen Wenige unter diesen Durchschnittssatz herabgehen wollen. Die Ausgleichung wird sich vollziehen zwischen diesen Wenigen und den notorisch Reichen.

Vielleicht fragt man uns, ob denn ein so großer Unterschied sei zwischen der verurtheilten Fassion und der hier vorgeschlagenen Selbstübernahme einer Beitragsquote des Ortscontingents. Bei näherer Betrachtung kann der durchschlagende Unterschied nicht verkannt werden. Bei der Fassion weiß man nicht, welche Abgabe man sich zuzieht; hier kennt man die übernommene Last auf Heller und Pfennig. Bei der Fassion wird Jeder behandelt, als ob er nur seine verdammte Schuldigkeit thäte; hier liegt Ehre in dem freiwillig übernommenen Beitrag; der Beitragende verpflichtet entweder minder wohlhabende Mitbürger oder erwirbt den Ruf, aus Gemeinsinn über seine Pflicht hinausgegangen zu sein. Bei der Fassion muß man seine Geheimnisse auf den Markt werfen; hier behält sie Jeder für sich.

Die Hauptschwierigkeit liegt allerdings nicht bei der Vertheilung des Ortscontingents auf die Steuerpflichtigen, sondern bei der Feststellung der Provinzial=, Kreis= und Ortscontingente. Hierfür lassen sich verschiedene Wege denken. Man kann sich an die sichtbaren Werthe der Grundstücke und gewinnbringenden Anlagen halten. Man kann auch eine provisorische oberflächliche Einschätzung aller individuellen Einkommen vornehmen und danach die Lokalcontingente bestimmen, deren Vertheilung auf die einzelnen Steuerpflichtigen dennoch jene erste Ermittlung nicht zu Grunde zu liegen hätte. Wir würden den Weg der Einschätzung der sichtbaren Werthe vorziehen.

Die zu III. gestellten Unterfragen 1, 2, 3, 4 erscheinen hiermit beantwortet. Zahlreiche Einwände lassen sich freilich noch denken, die sich aber alle zurückführen werden auf die noch nicht vorhandene Anschauung der Ausführungsmodalitäten, und die widerlegt sein werden, sobald es darauf ankommt, jene Modalitäten bis in das Einzelne darzulegen.

IV.

Die hier gestellte Frage ist durch unsere Ausführung zu III. beantwortet. Was wir von der Einkommensteuer verlangen, ist nicht eine Einschränkung der indirecten Besteuerung bei einem einzelnen besonders anfechtbaren Zweig. Wenn die Gesammtleistung der indirecten Besteuerung durch das Maß der Reichsbedürfnisse bestimmt ist, so wird es Sache der Reichsfinanzpolitik sein, das entsprechende System einheitlich und rationell zu gestalten. Die Aufgabe erscheint durchaus lösbar, aber unser Gutachten hat auf die Lösung nicht einzugehen. Die Bekämpfung eines einzelnen Zweiges würde nicht frommen, ohne das ganze System positiv zu entwickeln.

Den 1. Mai 1873.

Druck von Bär & Hermann in Leipzig.

Printed by Libri Plureos GmbH
in Hamburg, Germany